AF362692

UTILITÉ

D'UN

CHEMIN DE FER

DE

ROCHEFORT A LIMOGES PAR ANGOULÊME

ET PLUS PARTICULIÈREMENT

DU CHEMIN DE FER DIRECT D'ANGOULÊME A LIMOGES

PAR

ALFRED DE VILLEMANDY

Avocat, Secrétaire de l'Association régionale du Sud-Ouest, en faveur du Chemin de fer de Rochefort a Limoges

ANGOULÊME

IMPRIMERIE DE A. NADAUD ET Cᵉ (LEFRAISE)

Rue du Marché, 6

1869

UTILITÉ

D'UN

CHEMIN DE FER

DE

ROCHEFORT A LIMOGES PAR ANGOULÈME

ET PLUS PARTICULIÈREMENT

DU CHEMIN DE FER DIRECT D'ANGOULÊME A LIMOGES

Un examen même superficiel de la carte de la France fait promptement reconnaître que les chemins de fer concédés, soit définitivement, soit éventuellement, sont loin de suffire aux besoins intérieurs de la circulation sur toute la surface du territoire.

On aperçoit de vastes espaces sans lignes ferrées et évidemment non desservis. Pour quelques contrées, cela s'explique par la présence des montagnes, la difficulté et l'énorme dépense des chemins de fer ; mais il en est beaucoup d'autres où ces obstacles n'existent pas et qui attendent, avec une légitime impatience, une part plus ample dans les moyens de circulation rapide, sans lesquels aujourd'hui la prospérité de l'agriculture ne peut naître ou se développer.

Les besoins de ces contrées laissées en arrière
s'accroissent même par le malaise et l'infériorité
relatifs résultant, pour la valeur de leurs produits,
de la concurrence avec les localités plus favorisées.

Parmi ces pays très déshérités, se trouvent ceux
qui sont situés entre le chemin de fer de Rochefort à Poitiers et de Poitiers à La Souterraine par
Montmorillon au nord, et le chemin de fer de Bordeaux à Périgueux et la Gironde au sud. Ils demandent, depuis quinze ans, un chemin de fer de
Rochefort à Limoges par Angoulême, pour sortir
de leur fâcheuse position. Ils n'ont pu réussir à
l'obtenir encore ; et pourtant ce chemin serait
d'une immense utilité ; il serait appelé à mettre
Limoges, ce grand entrepôt du centre de la France,
en communication directe avec l'Océan ; à relier
notre magnifique fonderie de canons de Ruelle
avec le port militaire de Rochefort, et tout à la
fois avec les bassins houillers de l'intérieur de la
France ; à rendre plus faciles et plus promptes les
communications des entrepôts commerciaux de
l'Angoumois et de la Saintonge : Angoulême, Jar-
nac, Cognac et Saintes, avec Tonnay-Charente,
leur port d'exportation. Dans son parcours de
223 kilomètres environ, il rencontrerait quatorze
villes, dont la population agglomérée s'élève à
plus de 140,000 habitants. Il n'aurait point, comme
il arrive trop souvent, à créer des relations, qu'il
trouverait ici tout établies, non pas seulement
entre les villes extrêmes, mais bien sur tous les
points intermédiaires de sa ligne, et ces échanges
traditionnels constituent, nous osons le dire, des
droits acquis, que le gouvernement voudra cer-

tainement respecter : ici, les produits du sol ou
de l'industrie de l'Angoumois ou de la Saintonge :
vins, eaux-de-vie, grains, papiers, plâtre, chaux,
pierres de taille, etc., etc.; puis ceux qui provien-
nent du littoral et de l'étranger : sel, marée, char-
bon de terre, bois du Nord, denrées coloniales,
etc., etc.; là, les bois de marine et de construction destinés à l'approvisionnement du port de
Rochefort, les bois merrains et les cercles nécessaires à la confection des futailles à vin et à eau-
de-vie, le bétail, les foins, les pailles, les fers,
les porcelaines, et enfin les houilles d'Ahun et de
Commentry, c'est-à-dire les produits qui constituent la richesse spéciale du Limousin et du centre de la France. Voilà, certes, des objets d'échanges considérables, qui s'accroîtront encore, dans
l'avenir, dans de larges proportions, par le pro-
longement de la ligne au delà de Limoges, sur
Clermont, Lyon et Saint-Étienne.

Tous ces motifs puissants justifient la création
de notre chemin de fer de Rochefort à Limoges.
Pour qu'on en apprécie mieux toute la valeur,
nous allons faire connaître quels seraient ses produits probables. Nous ne nous occuperons, dans
cette étude, que de la portion du chemin de Rochefort à Limoges comprise entre Saintes et Limoges, celle de Saintes à Rochefort devant être
exécutée nécessairement, parce qu'elle fait partie
de la grande ligne stratégique de Nantes à Bordeaux.

Nous prendrons pour point de départ de nos
calculs les chiffres représentant la circulation
constatée par MM. les ingénieurs sur les routes
impériales et départementales en 1856-1857, et

nous appliquerons à ces données les modes d'évaluation adoptés par le conseil général des ponts et chaussées, comme conduisant à des résultats satisfaisants et donnant assez exactement le produit probable des chemins de fer à établir.

Voici les règles de ces modes d'évaluation :

1° On suppose que le chemin de fer absorbera la circulation qui a lieu sur les routes parallèles situées à de petites distances et sur celles qui, ayant un point de départ et un point d'arrivée sur la ligne de fer, s'en écartent cependant, dans l'intervalle, d'une manière plus ou moins sensible ;

2° On admet comme applicables les résultats des comptages effectués, dans tous les départements à la fois, pendant vingt-et-un jours d'observation, du 30 novembre 1856 au 30 novembre 1857 ;

3° On prend sur ces résultats le nombre des colliers de messageries, et on compte trois places de voyageur par collier; on prend de même le nombre des colliers des voitures particulières, et on compte deux places de voyageur par collier ; on admet ensuite que le total de ces deux nombres donne le nombre des cavaliers en le divisant par cinq, et celui des piétons en le divisant par dix ; puis on double ce même total pour avoir le nombre probable de voyageurs de messageries et de voitures particulières qui emprunteront le chemin de fer ;

4° On admet que les produits accessoires de la grande vitesse, tels que bagages de voyageurs et articles de messageries, donnent 15 0/0 de l'ensemble des recettes des voyageurs, cette proportion représentant le minimum des recettes de cette nature réalisées par les chemins de fer en exploitation ;

5° On ajoute ce produit au produit des places des voyageurs ; on prend le total qui représente les produits de la grande vitesse et on le multiplie par le coefficient 2,25, considéré comme représentant le rapport des recettes totales aux recettes de la grande vitesse, d'après l'expérience des principaux chemins de fer français, pendant les dernières années écoulées. Le résultat de cette multiplication donne le produit brut par jour et par kilomètre ; en multipliant par 365, on a le produit brut kilométrique annuel.

Partant de ces données, nous allons énumérer les routes ou parties de routes dont on peut admettre que la circulation sera absorbée par le chemin, et calculer le produit probable qu'il en retirera : 1° dans la Charente-Inférieure ; 2° dans la Charente ; 3° dans la Haute-Vienne.

Routes dont la circulation sera absorbée par le chemin de fer dans la Charente-Inférieure, et produit qu'il en retirera.

Le chemin de fer aura, dans la Charente-Inférieure, 22 kilomètres. Il absorbera :

1° La circulation de la route impériale n° 141, de Saintes à Clermont, entre Saintes et la limite de la Charente. Or, la circulation de cette route étant de 30 colliers 5 dixièmes de voitures de messageries, de 45 colliers 3 dixièmes de voitures particulières, le chemin retirera de ce chef 24,777 fr. 22 c. par kilomètre;

2° Une partie de la circulation de la route impériale n° 139, de Périgueux à La Rochelle. Cette route étant parallèle au chemin de fer entre Angoulème et La Rochelle, à une distance moyenne de 18 à 20 kilomètres au plus de son tracé, et ayant les mêmes points de départ et d'arrivée : Angoulème et La Rochelle, — par la prolongation de notre chemin de fer jusqu'à La Rochelle, par la ligne stratégique de Nantes à Bordeaux, — elle aura une grande partie de sa circulation absorbée par le chemin de fer. Cette circulation est de 18 colliers 6 dixièmes de voitures de messageries, de 40 colliers de voitures particulières dans la Charente; nous admettrons qu'elle est la même dans la Charente-Inférieure : bien que nous la croyions supérieure, cette circulation, si elle était toute absorbée, donnerait 18,017 fr. 65 c. par kilomètre. Pour que l'on ne puisse pas nous taxer d'exagération, nous ne compterons que sur 8,000 fr. par kilomètre.

3° Une partie des transports effectués aujourd'hui par la Charente.

Ces transports ne pouvant être évalués d'une manière bien précise, nous ne les mentionnerons que pour mémoire, et pourtant nous sommes persuadé qu'ils seront importants.

Tels seront les principaux éléments de transport du chemin de fer dans la Charente-Inférieure : il en retirera une recette kilométrique de 32,777 fr. 22 c., sans tenir compte des produits qui lui viendront des transports qu'il enlèvera à la navigation de la Charente, ce qui donnera, pour les 22 kilomètres de chemin de fer situés dans la Charente-Inférieure, un produit total de 721,098 fr. 84 c.

Routes dont la circulation sera absorbée par le chemin de fer dans la Charente, et produit qu'il en retirera.

Le chemin de fer aura, dans la Charente, une étendue de 120 kilomètres. Il s'appropriera :

1º La circulation tout entière de la route impériale nº 141, dans la Charente.

Cette circulation étant de 29 colliers 3 dixièmes de messageries, 69 colliers de voitures particulières, procurera au chemin de fer un produit kilométrique de 30,072 fr. 77 c., ce qui fait, pour 120 kilomètres, 3,608,732 fr. 40 c.;

2º Une grande partie de la circulation de la route nº 139, de La Rochelle à Périgueux.

Cette circulation étant de 18 colliers 6 dixièmes de voitures de messageries, de 40 colliers 1 dixième de voitures particulières, procurerait 18,007 fr. 65 c. par kilomètre au chemin de fer, si sa circulation était toute absorbée. Nous ne comptons que sur 8,000 fr. par kilomètre, parce qu'il perdra une partie du trafic local de cette route; ce sera, pour les 50 kilomètres situés entre Angoulême et la limite du département de la Charente-Inférieure, une somme de 400,000 fr.;

3º Toute la circulation de la route départementale nº 12, de Veillard à Angoulême par Châteauneuf.

Cette circulation sera entièrement absorbée, parce que le chemin de fer suivra la même direction que cette route entre ses points extrêmes, Veillard et Angoulème. D'après son activité, le chemin de fer en retirera 5,000 fr. par kilomètre, soit, pour les 32 kilomètres, 160,000 fr.;

4° Une partie des transports qui s'effectuent aujourd'hui par la Charente. Nous ne mentionnons ces transports que pour mémoire, ne pouvant les estimer d'une manière bien précise;

5° Tous les transports qui s'effectuent entre Barbezieux et Angoulème et une partie des transports de Barbezieux sur Cognac. Le chemin de fer retirera un trafic assez important de ces deux courants de circulation. N'ayant pas des données assez certaines pour les évaluer d'une manière exacte, nous les comptons seulement pour mémoire;

6° Presque tous les transports de la ligne d'Angoulème à Limoges par Montbron et Aixe. Les transports généraux de cette ligne seront tous absorbés. Les transports locaux le seront en grande partie, les deux villes principales de la ligne, Aixe et Montbron, étant desservies par le chemin de fer. La circulation de cette route étant de 5 colliers de messageries, de 12 colliers de voitures particulières dans la Haute-Vienne, et étant plus considérable dans la Charente, nous calculons que le chemin de fer retirera de ce chef de circulation 5,000 fr. par kilomètre, soit, pour les 70 kilomètres situés dans la Charente, entre Angoulème et la limite de la Haute-Vienne, 350,000 fr.;

7° La circulation des chemins de grande com-

munication n° 12, du Vivier au Pontouvre, et n° 2,
de Chasseneuil à Saint-Cybardeaux. Ces deux
circulations ont une certaine valeur ; nous pensons que le chemin de fer en retirera 3,000 fr.
par kilomètre, soit, pour 30 kilomètres, 90,000 fr. ;

8° La circulation générale de la route impériale n° 151 *bis,* de Nevers à Angoulême, et une
partie de sa circulation locale. D'après les relevés
de circulation de cette route, le chemin de fer
en retirera au moins 5,000 fr. par kilomètre, soit,
pour les 36 kilomètres de chemin de fer situés
entre Chasseneuil et la limite de la Haute-Vienne,
180,000 fr. La circulation de cette route est de
4 colliers 5 dixièmes de messageries, de 25 colliers 1 dixième de voitures particulières ;

9° La circulation générale de la route impériale
n° 148, de Nantes à Limoges. Cette circulation n'est
pas très importante ; nous ne l'estimons qu'à 2,000
fr. par kilomètre, ce qui, pour 117 kilomètres de
chemin de fer dans la Charente, donnerait 234,000
fr. Notre chemin absorbera cette circulation, parce
que nous ne pouvons pas croire que, pour un courant commercial si insignifiant, on puisse établir
un chemin de fer direct. Il restera alors seulement
deux directions pour aller de Limoges à Nantes :
l'une par Poitiers, l'autre par Angoulême. Elles
auront une partie commune : celle de Nantes à La
Rochelle ; la partie non commune, par Poitiers,
aura 186 kilomètres de Limoges à Poitiers, 111 kilomètres de La Rochelle à Poitiers ; en tout, 297
kilomètres. La partie non commune, par Angoulème, aura 113 kilomètres d'Angoulême à Limoges,
145 kilomètres de La Rochelle à Angoulème ; en
tout, 258 kilomètres ; elle sera plus courte de

39 kilomètres que la première ; ce sera donc par elle que s'effectueront les transports entre Nantes et Limoges.

Le chemin de fer dans la Charente aura, en total, 5,022,732 fr. 40 c. de transport pour un parcours de 120 kilomètres ; ce qui donne 41,856 fr. 10 c. par kilomètre.

Routes dont la circulation sera absorbée par le chemin de fer dans la Haute-Vienne, et produit qu'il en retirera.

Le chemin de fer aura, dans la Haute-Vienne, 43 kilomètres. Il absorbera :

1° La circulation de la route impériale n° 141.

Cette circulation est de 18 colliers 1 dixième de voitures de messageries, de 40 colliers 7 dixièmes de voitures particulières ; elle fournira au chemin de fer un produit de 18,125 fr. 59 c. par kilomètre, soit, pour 43 kilomètres, 779,400 fr. 37 c.

2° La circulation de la route d'Angoulème à Limoges par Montbron.

Cette circulation sera presque tout entière absorbée par le chemin de fer, qui, ayant les mêmes points de départ et d'arrivée que cette route, desservira aussi les centres de population intermédiaires les plus importants, Aixe et Montbron. Elle est de 5 colliers 3 dixièmes de voitures de messageries, de 12 colliers 6 dixièmes de voitures particulières ; ce qui indique, pour un chemin de fer, des transports de 5,000 fr. environ. Nous n'en comptons que pour 4,000 fr. d'absorbés par notre chemin de fer ;

3° La circulation générale de la route impériale n° 151 *bis*.

Cette circulation étant de 4 colliers 5 dixièmes de voitures de messageries, de 25 colliers de voitures particulières, donnerait , si elle était toute absorbée, 7,500 fr. par kilomètre ; nous calculons que le chemin de fer en absorbera les deux tiers, soit 5,000 fr. par kilomètre ;

4° La circulation de la route d'Angoulème à Limoges par La Rochefoucauld, le canton de Montembœuf et Rochechouart , et la route impériale n° 141, à partir de Saint-Junien.

Nous n'avons pas de données précises sur cette circulation, aucun relevé n'ayant été fait à cet égard ; elle est très importante ; mais nous ne savons pas au juste ce qu'elle est ; aussi ne la mentionnerons-nous que pour mémoire, et cela à notre grand regret, car nous sommes sûr qu'elle fournira au chemin de fer un trafic assez considérable.

Nous trouvons donc, pour produit du chemin de fer dans la Haute-Vienne , 27,125 fr. 59 c. par kilomètre, soit, pour 43 kilomètres, 1,166,400 fr. 37 c.

Et si, maintenant que nous avons établi le produit de notre chemin de fer de Rochefort à Limoges dans chacun des trois départements de la Charente-Inférieure, de la Charente et de la Haute-Vienne, nous en résumons rapidement les résultats, nous arrivons à constater que la section de notre chemin de Saintes à Limoges, la seule dont nous ayons à nous occuper, et qui aura 185 kilomètres d'étendue, donnera un produit total de

6,910,231 fr. 60 c., et un produit kilométrique de 37,352 fr. En déduisant 40 0/0 pour les frais d'exploitation, il reste pour bénéfice net 22,411 fr. par kilomètre. Or, notre chemin, étant une voie ferrée dans des conditions d'exécution ordinaires, ne coûtera pas plus de 250,000 fr. par kilomètre. Il rapportera donc aux capitaux employés à son établissement un revenu de 9 0/0.

De toutes les lignes qui ont été concédées depuis quelques années, il y en a bien peu qui soient appelées à donner un revenu aussi élevé, et nous croyons qu'il suffit d'avoir prouvé que notre chemin de fer l'atteindra, pour que nous ayons démontré notre droit à l'obtenir.

Les calculs que nous avons faits nous ont conduit à une autre remarque, et cette remarque, la voici : la route impériale nᵒ 141, de Saintes à Clermont, dans la direction de laquelle les conseils généraux de la Charente et de la Haute-Vienne demandent qu'on établisse le chemin de fer, fournit à elle seule des éléments de transport qui procureront à ce chemin un produit brut de 4,932,231 fr. 60 c., et un produit kilométrique de 26,666 fr. 10 c. En retranchant du produit kilométrique 40 0/0 pour les frais d'exploitation, il reste un bénéfice net de 16,000 fr. pour rémunérer un capital de 250,000 fr. employé à l'établissement du chemin de fer, ce qui donne un intérêt de plus de 6 1/2 0/0 des capitaux engagés. Eh bien! en présence de ces produits, lorsque les populations de la Charente et de la Haute-Vienne viendront dire au gouvernement : Nous vous demandons d'établir un chemin de fer de Rochefort à Limoges par Angoulême, dans la direction que le commerce a suivie de tous temps dans ces contrées, dans la direction de la route impériale qui existe depuis des siècles et qui dessert un courant commercial assez important pour rémunérer à lui seul les capitaux employés à construire le chemin de fer qui se l'appropriera,— nous ne croyons pas que le gouvernement puisse refuser à ces populations une aussi juste satisfaction.

Nous avons démontré à la fois, et que les populations des trois départements de la Charente-Inférieure, de la Charente et de la Haute-Vienne ont droit à obtenir le chemin de fer de Rochefort à Limoges par Angoulême, et que, de plus, elles ont droit à l'obtenir dans la direction de la route impériale n° 141. Nous aurions pu, dès lors, considérer notre tâche comme accomplie, puisque nous avions atteint le but que nous nous étions proposé. Nous n'avons pas cru devoir le faire devant les attaques nombreuses dont une section de notre ligne, celle d'Angoulême à Limoges, a été l'objet, soit dans le département de la Charente, soit dans les départements voisins. Nous avons pensé qu'il était de notre devoir de défendre cette ligne contre ces attaques, et de faire connaître toute la valeur qu'elle a par elle-même.

De la section entre Angoulême et Limoges du chemin de fer de Rochefort à cette dernière ville.

La section du chemin de fer de Rochefort à Limoges, comprise entre Angoulême et Limoges, sera au moins aussi utile que celle d'Angoulême à Rochefort, et ceci résulte, d'une manière évidente, de ce qu'entre Angoulême et Limoges, qui ont tant de relations commerciales, consistant dans l'échange de marchandises encombrantes, il n'y a aucune voie économique de transport, tandis qu'entre Rochefort et Angoulême il en existe une déjà : la navigation de la Charente. Ainsi, à ce point de vue, le chemin de fer d'Angoulême à Limoges est plus utile que celui de Rochefort à Angoulême. Ce dernier pourrait, à la rigueur, être suppléé par la Charente ; rien ne pourrait suppléer le premier, et nous allons voir combien pourtant il est nécessaire.

Le chemin de fer d'Angoulême à Limoges a pour but de réunir les pays calcaires et vignobles des Charentes avec les pays granitiques et non vignobles du centre de la France, qui ont des produits si différents, de manière à permettre aux premiers d'écouler leurs vins, leurs eaux-de-vie, leurs plâtres, leurs chaux, leurs pierres de taille, leurs papiers, leurs terres à gazette vers le centre, qui leur enverrait en échange ses bois de marine et de construction, ses bois merrains, ses cercles, ses foins, ses pailles, ses bestiaux, ses porcelaines Il a pour but de mettre Limoges, une des villes les plus industrielles et les plus commerçantes de nos pays, en communication directe avec l'Océan, et de lui permettre de se procurer, dans des conditions favorables, les produits des bords de la mer et de l'étranger ; il a pour but de mettre Limoges en communication directe avec Angoulême, et ces deux villes ont entre elles les relations les plus suivies ; il a pour but de réunir, par une voie ferrée continue, la fonderie impériale de

Ruelle avec le port militaire de Rochefort et tous les autres ports militaires de l'empire. Il a enfin pour but de combler la lacune qui existerait, si on ne l'exécutait pas, entre le chemin de Rochefort à Angoulême (dont on reconnaît l'exécution nécessaire) et le chemin de Limoges à Montluçon. Le chemin d'Angoulême à Limoges est appelé à former, avec les deux chemins dont nous venons de parler et les chemins qui, de Montluçon, se dirigent vers le nord-est, une grande ligne transversale du sud-ouest au nord-est. Et si de Montluçon on établit un embranchement de soixante kilomètres environ sur Saint-Germain-des-Fossés, il fera aussi partie d'une grande ligne transversale de l'ouest à l'est, qui sera appelée à rendre aux départements situés au nord du plateau central des montagnes du Limousin et de l'Auvergne, les mêmes services que le chemin de fer de Bordeaux à Lyon par Périgueux et Aurillac rend aux contrées situées au midi de ces montagnes.

Tous ces motifs généraux suffiraient à eux seuls pour justifier la création de notre chemin de fer ; nous allons faire connaître l'importance des deux villes qui lui servent de point de départ et d'arrivée et qu'il relie entre elles par une ligne directe : Angoulême et Limoges.

Angoulême est une ville peuplée de 25,000 habitants, très industrielle et très commerçante ; c'est le chef-lieu d'un des départements les plus vignobles de France. Son importance commerciale s'était déjà révélée par les magnifiques résultats fournis par sa succursale de la banque de France; elle a été mise au grand jour par les transports

énormes qu'elle a fournis au chemin de fer de
Paris à Bordeaux depuis son exploitation, et qui
s'accroissent tous les ans dans de très fortes proportions. Elle a fourni, en 1859, des transports qui
ont donné une recette de 2,200,000 fr. Pour bien faire
apprécier combien cette recette est considérable,
nous allons la comparer avec les recettes de quelques-unes de nos lignes de chemins de fer situées
dans les départements voisins, et aussi avec quelques-unes situées dans des contrées plus éloi-
gnées. Le département de la Vienne est traversé
par 150 kilomètres de chemin de fer ; il a dix-
neuf gares ou stations ; les recettes de ces 150 kilomètres, en 1857, n'ont été que de 2,300,000 fr.,
100,000 fr. à peine de plus que la recette de la
seule ville d'Angoulème. Le département de la
Dordogne a un chemin de fer qui est tête de ligne : celui de Périgueux à Coutras ; ce chemin,
qui a 76 kilomètres, qui est à sa troisième année
d'exploitation, n'a donné , en 1859 , que 625,785
fr.; c'est un peu plus que le quart de la seule ville
d'Angoulème, et cela pour 76 kilomètres qui réu-
nissent le chef-lieu du département de la Dordogne avec Paris , Bordeaux, Angoulème. Le chemin de fer de Montauban au Lot , à Saint-Chris-
tophe et Decazeville, n'a donné , en 1859 , que
1,550,457 fr. pour 170 kilomètres exploités ; soit
650,000 fr. de moins que la seule ville d'Angoulème. Et si nous réunissons les recettes produites par
ces deux derniers chemins de fer, nous trouvons
pour produit de ces deux lignes 2,176,242 fr. pour
246 kilomètres de parcours ; la seule ville d'Angoulème a donc produit une recette supérieure de
24,000 fr. environ à ces 246 kilomètres de chemin

de fer. Et pourtant, ces 246 kilomètres de chemin de fer appartiennent à des lignes que l'on avait jugées les meilleures du Grand-Central , puisque c'étaient à peu près les seules de ce réseau que l'on ait concédées sans subvention.

Le chemin de fer des Ardennes a donné en 1859, pour 158 kilomètres, 3,307,000 fr.; soit 20,930 fr. par kilomètre ; la ville d'Angoulême a produit autant que 105 kilomètres de ce chemin de fer, construit dans les riches et industrieux départements du Nord. Nous ne pousserons pas plus loin ces comparaisons ; il résulte de celles que nous venons d'établir, que la ville d'Angoulême offre des éléments de transports considérables à un chemin de fer, et qu'elle sera un des meilleurs points de départ qu'on puisse donner à une voie ferrée.

Examinons la valeur de Limoges, qui sera son point d'arrivée. Limoges est une ville de 50,000 habitants, dont la population s'accroît depuis dix ans régulièrement de 1,000 habitants par an ; c'est la ville la plus industrielle et la plus commerçante du centre de la France, et ses plus grandes relations sont avec Angoulême et les Charentes. Pour faire apprécier son importance, il nous suffira de citer quelques passages du remarquable rapport lu, en janvier 1857, à la chambre de commerce de Limoges, par son honorable président, M. Louis Ardant , aujourd'hui maire de cette ville :

« Limoges est un vaste atelier, un important comptoir où chacun travaille et veut travailler.

« C'est le centre industriel des opérations du

département de la Haute-Vienne, et même, on peut le dire avec vérité, le centre des opérations commerciales de la Creuse et de la Corrèze.

« Au premier rang des industries locales ou départementales on place : les manufactures de porcelaine, l'exploitation du kaolin, la décoration des porcelaines, la fabrication des flauches et droguets, la menuiserie, la tannerie, les produits de l'art métallurgique, la fabrication des sabots, la cordonnerie, la fabrication des poids et mesures, l'imprimerie, la librairie, la reliure, la papeterie mécanique, la fabrication des papiers de paille, la fabrication du carton, la ganterie, la fabrication des instruments mécaniques pour les besoins des usines et de l'agriculture, la fabrication des couvertures, la confiserie, les filatures de laine et de coton, la fabrication des tapis, la fonderie de la fonte de fer et de caractères, la teinturerie ;

« Au second rang :

« Les blanchisseries de cire, les brasseries, les huileries, les fabriques de cordes, la carrosserie, la fabrication du chocolat, la fabrication de la chandelle, la chapellerie, la corderie, la coutellerie, enfin la fabrication des meubles.

« On peut, sans exagération, évaluer la valeur commerciale des produits manufacturés de ces diverses industries à la somme annuelle de 30 millions de francs.

« Et, si on ajoute à ce chiffre le mouvement commercial qui se produit annuellement par suite de la consommation, de l'importation et de l'exportation, mouvement que l'on peut évaluer à environ 90 millions, la ville de Limoges serait le centre industriel ou commercial d'opérations qui représentent une valeur de 120 millions. »

L'importance industrielle et commerciale, à Limoges, ressort d'une manière si évidente de ce document, que nous ne nous arrêterons pas davantage sur ce point.

Les deux villes d'Angoulême et de Limoges, qui servent de têtes de ligne à la voie ferrée, sont donc les plus importantes sous le rapport de l'industrie et du commerce; nous allons faire voir quel trafic considérable cette voie rencontrera sur son parcours :

Le chemin de fer, en partant d'Angoulême, emprunterait pendant 700 mètres la ligne de Paris à Bordeaux, au nord d'Angoulême; puis il s'en détournerait pour suivre la vallée de la Touvre, qu'il franchirait au moulin de Bourlion, pour la côtoyer ensuite jusqu'à Ruelle, où serait la première station. Ruelle est un petit bourg à 7 kilomètres d'Angoulême, où se trouve la fonderie impériale qui porte son nom. Cette fonderie, qui est la seule fonderie de la marine, a un mouvement moyen de transports annuels de 5,500 tonnes, qui serait bien moins coûteux et bien plus facile s'il était exécuté par un chemin de fer. Cette usine, qui, grâce à la régularité de son cours d'eau, peut déjà exécuter les commandes de l'état avec une grande ponctualité, pourrait se conformer à ses désirs et à ses besoins avec une précision mathématique, si elle était desservie par un chemin de fer, et ce serait là un bien grand avantage pour l'état, en tout temps et surtout en temps de guerre, où un retard de quelques heures dans l'exécution d'un ordre peut quelquefois amener de si graves et si déplorables conséquences.

Mais la gare de Ruelle ne serait pas seulement alimentée par les transports de la fonderie impériale, elle le serait surtout par ceux des nombreuses usines qui bordent la Touvre et qui ne s'élèvent pas à moins de trente-deux, sur une rivière qui n'a guère que 6 kilomètres de cours; et parmi ces usines, qui ont toutes une certaine valeur, il y en a beaucoup de premier ordre, comme les papeteries de Veuze et Maumont, celle de M. Allamigeon, et les minoteries du Gond et du Pontouvre. De là le chemin de fer se dirigerait sur la forêt de la Braconne, qu'il traverserait. On établirait une gare dans cette forêt pour faciliter l'écoulement de ses produits, et l'honorable inspecteur des eaux et forêts de la Charente nous a assuré qu'il avait la ferme croyance que les revenus de cette forêt seraient augmentés d'un 5ᵉ ou d'un 6ᵉ par la facilité plus grande d'exploitation qui en résulterait. Cette forêt donnant, en moyenne, un revenu de 125,000 à 130,000 fr. par an, ce serait là pour l'état un bénéfice annuel de 25,000 fr. environ, et une plus-value de sa propriété d'au moins 500 ou 600,000 fr.

Après avoir traversé la forêt de la Braconne et à 15 kilomètres de Ruelle, le chemin de fer arriverait à La Rochefoucauld; on y établirait une gare, qui serait très importante. La ville de La Rochefoucauld est peuplée de 2,500 habitants, mais le chiffre de sa population est loin de donner une idée exacte de son importance commerciale. Située sur les limites des pays vignobles de la Charente et des pays non vignobles de l'arrondissement de

Confolens et de la Haute-Vienne, elle est le centre où se font sur une large proportion les échanges des produits si divers de ces contrées. Aussi ses quinze foires annuelles sont-elles des plus importantes du département de la Charente, et elles ne suffisent pas cependant aux besoins du commerce de cette ville, qui a, de plus, cinquante-deux marchés d'une grande valeur.

La ville de La Rochefoucauld est le chef-lieu d'un des cantons les plus riches et les plus peuplés de la Charente. L'agriculture a fait les plus grands progrès dans ce canton : il engraisse un nombre considérable de bœufs et de porcs, qu'il envoie à Paris et à Bordeaux ; il produit bien au delà de ses besoins des vins et des blés, qu'il exporte en grande quantité. Aux portes de La Rochefoucauld se trouvent, dans les communes de Saint-Projet, Rancogne, Villhonneur et Rivières, de nombreuses carrières d'une pierre de taille très remarquable par la finesse de son grain, et d'une assez grande dureté pour pouvoir être employée dans les parties de la construction des bâtiments qui exigent une grande résistance, comme les marches des escaliers, les seuils des portes, les trottoirs ; cette pierre de taille se prête aussi merveilleusement à la sculpture, et c'est elle que l'on a employée, pour tous les usages que je viens de faire connaître, dans la construction de l'hôtel de ville d'Angoulême.

On trouve entre Chasseneuil et La Rochefoucauld des carrières inépuisables de pierres à chaux, qui fourniraient un élément de trafic considérable au chemin de fer. Ces pierres à chaux seraient transportées dans le Limousin, où on les

convertirait en chaux, et où on les emploierait en
grandes quantités pour réchauffer les terres hu-
mides de ces contrées, qui, grâce à ce puissant
amendement, verraient les froments, les trèfles
et les luzernes succéder aux seigles et aux ja-
chères.

La ville de La Rochefoucauld, qui est si commerçante, commence à devenir aussi industrielle.
Elle possède :

1° Une vaste et belle distillerie de grains, topi-
nambours et mélasses, qui produit déjà de 20 à
25 hectolitres d'alcool par jour, et qui donne lieu,
également par jour, à des transports qui ne s'é-
lèvent pas à moins de 25 tonnes ;

2° Une minoterie anglaise à trois paires de
meules ;

3° Deux filatures de laine et fabriques d'étoffes ;

4° Plusieurs moulins à foulon et à huile ;

5° Dix moulins à blé très rapprochés ;

6° Une scierie mécanique mue par la vapeur ;

7° Une fabrique de toile avec huit métiers per-
fectionnés ;

8° Une fabrique de bas, gilets et caleçons ;

9° Plusieurs tanneries renommées ;

10° Trois grands ateliers de tonnellerie et douze
petits ;

11° Plusieurs entrepôts de bois considérables ;

12° Plusieurs magasins de vins en gros ;

13° Un grand nombre de magasins de nou-
veautés et magasins de détail ;

14° A ses portes, un grand nombre de tuileries
et fours à chaux.

On peut se rendre compte de l'importance commerciale de la ville de La Rochefoucauld par ce
fait, qu'entre Angoulème et La Rochefoucauld la
circulation de la route impériale n° 141 est de
439 colliers, tandis que la circulation de la même
route entre Angoulème et Cognac n'est que de 312
colliers (la première dépasse donc la deuxième,
qui est pourtant considérable, de 127 colliers),—
et aussi par cet autre fait, à savoir que le nombre
des tonnes transportées par jour et par kilomètre,
entre La Rochefoucauld et Angoulème, est de 222
tonnes 8, tandis qu'entre Angoulème et Cognac il
n'est que de 112 tonnes 6. Voici, au surplus, le
produit probable de la gare de La Rochefoucauld;
je l'ai établi en retranchant de la circulation de
la route impériale entre Angoulème et La Rochefoucauld, la circulation de la même route entre
Chassencuil et La Rochefoucauld ; j'ai pris la différence, comme constatant la circulation de La
Rochefoucauld sur Angoulème ; j'ai appliqué aux
chiffres de cette différence les évaluations admi-
ses par le conseil général des ponts et chaussées :
j'ai obtenu ainsi le produit venant de la circulation d'Angoulème sur La Rochefoucauld ; j'ai
ajouté un quart de ce produit, comme exprimant
la circulation de La Rochefoucauld sur les autres
points de la ligne : j'ai eu ainsi le produit fourni
au chemin de fer par la ville de La Rochefoucauld, et ce produit est de 342,025 fr.

Mais, par suite de la position de la ville de La
Rochefoucauld, sa gare sera appelée à s'appro-
prier toute la circulation de la ville de Montbron
sur Angoulème et sur Limoges : ceci résulte de ce
qu'aujourd'hui la ville de Montbron est, par le

chemin de grande communication n° 3, à 28 kilomètres 400 mètres d'Angoulème, que l'on parcourt en trois heures ; en empruntant le chemin de fer à La Rochefoucauld, elle en sera à 34 kilomètres 600 mètres, dont 22 kilomètres de chemin de fer, 12 kilomètres 600 mètres de voie de terre. Or, les 12 kilomètres 600 mètres de voie de terre seront parcourus en une heure en omnibus, la route entre Montbron et La Rochefoucauld étant très belle et très unie (elle suit la vallée de la Tardouère) ; les 22 kilomètres de chemin de fer le seront en vingt minutes en train express, en une demi-heure en train omnibus. On mettra donc par le chemin de fer une heure et demie à peu près, au lieu de trois heures que l'on met par la voie de terre ; on prendra donc le chemin de fer pour aller de Montbron à Angoulème. Il en sera de même pour aller de Montbron à Limoges : on met maintenant six à sept heures par la voie de terre, on en mettra environ trois par le chemin de fer. On prendra donc aussi le chemin de fer pour aller de Montbron à Limoges. En tenant compte de l'importance de la ville de Montbron, de sa circulation sur Angoulème et sur Limoges, de la fertilité de quelques-unes des communes qui l'environnent, nous pensons qu'elle procurera à la gare de La Rochefoucauld des produits qui seront égaux au quart du produit de cette dernière ville, soit de 85,501 fr. 82 c. En ajoutant ce produit au produit propre à la ville de La Rochefoucauld, nous avons, pour produit probable de la gare de cette ville, 427,526 fr. 22 c.

En quittant la ville de La Rochefoucauld, le chemin de fer se dirigerait sur Chasseneuil et traver-

serait dans ce parcours la commune de Tapon-
nat-Fleurignac, sur laquelle se trouvent des mine -
rais d'une qualité supérieure, que l'on emploie
dans une assez grande proportion à la fonderie
impériale de Ruelle, parce qu'ils contribuent d'une
manière très favorable à la qualité de ses fontes.

On établirait une gare à Chasseneuil. Chasseneuil est un bourg assez peuplé, qui prend , depuis quelques années , un notable accroissement.
Il est traversé par les deux routes impériales
nᵒˢ 141 et 151 *bis;* par le chemin de grande communication nᵒ 27, de Salles à Villefagnan ; par le
chemin de grande communication nᵒ 2, de Chasseneuil à Saint-Cybardeaux, dont une partie vient
d'être convertie en route départementale ; par un
chemin de moyenne communication, de Cellefrouin à Montbron. Il est entouré de forêts importantes , parmi lesquelles nous citerons celles
de Chasseneuil, Bélair et Quatre-Veaux. On trouve
dans ses environs de nombreuses carrières de
pierres à chaux, quelques carrières de pierres de
taille, et des carrières d'un sable réfractaire que
l'on expédie depuis longtemps à Limoges pour la
confection des gazettes. Dans de telles conditions,
la gare de Chasseneuil ne pourrait manquer d'ê-
tre importante. Au sortir de Chasseneuil , le chemin de fer se dirigerait sur Nieuil, où l'on établirait une gare qui desservirait le bourg de Saint-
Claud , chef-lieu d'un canton assez fertile. Les
forges de Champlaurier et les minerais de Nieuil
alimenteraient aussi cette gare. De Nieuil, le chemin de fer se dirigerait sur Laplaud, pour traver-
ser en tunnel le faîte qui sépare la vallée de la
Charente de la vallée de la Vienne. Arrivé dans la

vallée de la Vienne, on devrait établir une gare sur les bords de cette rivière, à l'endroit que l'on jugerait le plus convenable pour desservir de la manière la plus avantageuse les relations de Confolens avec Limoges et avec Angoulême, sans aller toutefois jusqu'à allonger sensiblement le parcours général de la ligne. Confolens est une ville de 3,000 habitants et est le chef-lieu d'un grand arrondissement peuplé de 70,000 habitants, pauvre jusqu'ici, mais qui n'attend que le voisinage d'un chemin de fer et l'écoulement dès lors facile de ses produits, pour développer toutes les richesses qu'il recèle. La gare de la Vienne desservira toutes les relations de Confolens sur Angoulême et sur Limoges. Ces relations sont assez considérables ; elles sont desservies, entre Confolens et Angoulême, par trois voitures par jour, deux allant directement d'Angoulême à Confolens, l'autre passant par Ruffec ; entre Limoges et Confolens, elles le sont par deux voitures publiques. Le nombre des voitures particulières est aussi important dans les deux directions ; aussi sommes-nous porté à croire que la gare de la Vienne aura une grande valeur et qu'elle donnera au moins 300,000 fr. de recette.

De cette gare, le chemin se dirigera, en suivant la Vienne, sur Chabanais. Chabanais est un chef-lieu de canton peuplé de 2,000 habitants ; les contrées qui l'environnent produisent beaucoup de blés, de foins et de bestiaux. Cette ville a, dans ses environs, des carrières de sable et argile réfractaires que l'on expédie à Limoges. Sa gare aura un trafic convenable.

De Chabanais, le chemin de fer se dirigera sur

Saint-Junien. La gare de cette ville et celle de La
Rochefoucauld seront probablement les deux plus
importantes de la ligne. Saint-Junien, chef-lieu de
canton, est une petite ville peuplée de 6,000 habitants, où l'industrie prend les plus grands déve-
loppements.

Elle est entourée de cinq fabriques de papier de
paille, de trois fabriques de porcelaines, de trois
fabriques de poterie, de quatre filatures, de trois
minoteries, de nombreux moulins, de huit tein-
tureries, quatre fabriques de chapeaux de laine,
d'une brasserie d'une grande valeur, de cinq établissements métallurgiques très importants, et
enfin de treize mégisseries, cinq tanneries et six
fabriques de gants (la vente des produits de ces
trois dernières industries s'élève annuellement à
plus de 3 millions). Cette énumération rapide
donne une idée de l'importance industrielle de
cette ville, et des éléments nombreux de transport
qu'elle fournirait au chemin de fer. Mais sa gare
serait encore alimentée par les transports que lui
fournirait la ville de Rochechouart, chef-lieu d'arrondissement peuplé de 2,000 habitants, sur Angoulême et sur Limoges. Elle recevrait, de plus,
tous les transports qui, des Charentes et du littoral, se dirigent vers la partie méridionale de
l'arrondissement de Bellac, ou qui, de cette contrée, se dirigent vers les Charentes.

Les relations entre Rochechouart et Saint-Junien d'un côté, et Limoges de l'autre, sont desservies par 12 colliers de voitures de messageries,
18 colliers de voitures particulières; ceci indique
entre ces villes des relations qui procureraient au
chemin de fer une recette de 9,476 fr. 86 c. par

kilomètre; ce qui indique, pour les 38 kilomètres qu'aura le chemin de fer entre Limoges
et Saint-Junien, une recette de 350,120 fr. 68 c.
En évaluant à 50,000 fr. les produits de transport
de Rochechouart et Saint-Junien sur Angoulême,
à 50,000 fr. ceux de la partie méridionale de l'arrondissement de Bellac sur les Charentes et sur
l'Océan, et de l'Océan et des Charentes sur cette
contrée, on arrive à trouver, pour produit probable de la gare de Saint-Junien, 450,120 fr. 68 c.

De Saint-Junien, le chemin de fer, en suivant
la Vienne, arriverait à Saint-Yrieix-sous-Aixe; on
établirait une gare dans les environs de ce bourg,
pour desservir les deux communes de Cognac et
Verneuil, peuplées chacune de 2,000 habitants.
On longerait encore la Vienne en quittant cette
gare, et l'on arriverait bientôt à Aixe, où l'on
établirait une nouvelle gare. Aixe est une petite
ville de 2,500 habitants, très industrielle et très
commerçante; elle possède de nombreuses fabriques, et entre autres des fabriques de pâtes à porcelaines d'une grande valeur; ses relations avec
Limoges sont très fréquentes, elles sont desservies par six omnibus. Cette ville donnerait au
moins une recette de 100,000 fr. par an. D'Aixe le
chemin de fer se dirigerait sur Reynac, où il se
joindrait avec le chemin de Limoges à Agen,
qu'il emprunterait sur 10 kilomètres pour arriver
à Limoges. De l'examen que nous venons de faire,
il résulte :

1° Que le chemin de fer d'Angoulême à Limoges
rencontrerait sur son parcours de nombreux et
importants aliments de transport;

2º Que, sur une étendue de 102 kilomètres environ à construire, il aura au moins neuf gares intermédiaires, dont trois de premier ordre : celle de La Rochefoucauld, la gare de la Vienne pour Confolens et celle de Saint-Junien ; quatre autres d'une valeur moindre, mais cependant assez importantes : Ruelle, Chasseneuil, Chabanais et Aixe ; et enfin, deux un peu moins considérables quoique ayant elles aussi leur utilité : Nieuil et Saint-Yrieix-sous-Aixe ;

3º Que les trois gares de premier ordre donneront, d'après nos évaluations, au chemin de fer un trafic de 1,177,000 fr. ;

4º Que notre chemin traverse sur son parcours quatre villes peuplées de 43,000 habitants ; qu'il est avantageux à quatre autres peuplées de 14,431 habitants, parmi lesquelles on trouve trois chefs-lieux d'arrondissement.

De tout ce que nous venons d'établir, nous croyons pouvoir conclure que notre voie ferrée est d'une utilité incontestable. Nous allons maintenant évaluer ses produits probables pour éclairer encore plus la question ; mais, avant, nous tenons à réfuter une opinion erronée et assez répandue, qui pourrait porter préjudice au chemin de fer d'Angoulême à Limoges. Des personnes, surtout de l'arrondissement de Cognac, qui ne connaissent pas bien les contrées du département de la Charente situées au nord d'Angoulême, disent que la circulation de la route impériale nº 141 est beaucoup plus considérable entre Saintes et Angoulême qu'entre Angoulême et Limoges, et ils en concluent que la section du chemin de fer d'Angoulème à Saintes sera bien plus avantageuse que celle d'Angoulème à Limoges. Pour que leur conclusion fût juste, il faudrait qu'ils partissent d'un point de départ vrai, et leur point de départ ne l'est pas. Il résulte, en effet, des relevés de circulation établis par les soins de MM. les ingénieurs des ponts et chaussées, que la circulation kilométrique totale par jour, entre Saintes et Angoulème, est de 250 colliers, tandis que la même circulation entre Angoulème et Limoges est de 260 colliers. Nous ne nous en sommes pas tenu à ce simple résultat: nous avons voulu, pour nous éclairer, voir dans quelle proportion les divers éléments de circulation concouraient, dans les deux directions, à la circulation totale; voici ce que nous avons constaté : entre Saintes et Angoulème, le nombre des colliers de messageries est de 41 colliers 99; celui des voitures particulières, de 78 colliers 8; celui des colliers de roulage, de 68 colliers 5.

Entre Angoulème et Limoges, le nombre des colliers de messageries est de 16 colliers 6; celui des voitures particulières, de 45 colliers 2 ; celui des voitures de roulage, de 130 colliers 5. Ce tableau montre que le nombre de colliers de messageries et voitures particulières est de 120 colliers 7 entre Saintes et Angoulème, tandis qu'il n'est que de 61 colliers 8 entre Angoulème et Limoges ; il y a donc bien moins de voyageurs dans cette dernière direction que dans la première, à peu près moitié moins. L'examen du nombre de colliers de roulage nous donne un résultat tout différent. Entre Saintes et Angoulème, il n'y a que 68 colliers 5 de roulage, tandis qu'il en a 130 colliers 15 entre

messageries et voitures particulières est de 120
colliers 7 dixièmes entre Saintes et Angoulême,
tandis qu'il n'est que de 61 colliers 8 dixièmes
entre Angoulême et Limoges ; il y a donc bien
moins de voyageurs dans cette dernière direction
que dans la première : à peu près moitié moins.
L'examen du nombre des colliers de roulage nous
donne un résultat tout différent. Entre Saintes et
Angoulême, il n'y a que 68 colliers 5 dixièmes
de roulage, tandis qu'il y en a 130 colliers 15
dixièmes entre Angoulême et Limoges. Il y a donc
le double de colliers de roulage entre Angoulême
et Limoges qu'entre Angoulême et Saintes. Le
transport des marchandises est, par conséquent,
le double dans la première direction que dans la
dernière.

Je tirerai de ces faits plusieurs conséquences :
la première, c'est que les personnes qui pensaient
que la circulation était plus active entre Saintes et
Angoulême qu'entre Angoulême et Limoges,
étaient dans l'erreur ; ces circulations sont, à peu
de chose près, égales ; la balance penche pourtant un peu en faveur de la direction d'Angoulême à Limoges ; 2° c'est que le chemin de fer de
Saintes à Angoulême transportera surtout des
voyageurs, et que celui d'Angoulême à Limoges
transportera surtout des marchandises ; 3° c'est
que les règles qui ont été adoptées par le conseil
général des ponts et chaussées, pour l'évaluation
du trafic probable des chemins de fer, et qui consistent à prendre pour base de cette évaluation
les colliers qui transportent les voyageurs, et à
admettre que les recettes produites par les voyageurs sont aux recettes totales comme 1 : 2,25,

ou, ce qui revient au même, que les recettes des marchandises sont à celles des voyageurs comme 1,25 : 1, — peuvent être vraies d'une manière générale, mais ne le sont pas toujours, et spécialement pour le cas qui nous occupe.

En effet, en admettant ces bases, comme la circulation des voyageurs est le double entre Saintes et Angoulème qu'entre Angoulème et Limoges, elle donnerait une recette double de voyageurs, et si, sans tenir compte de la circulation vraie des marchandises, on appliquait aux produits des voyageurs pour arriver aux produits des marchandises, dans ces deux directions, la même proportion 1 : 1,25 comme représentant le rapport habituel du transport des voyageurs à celui des marchandises, on arriverait à trouver, pour le produit des marchandises entre Saintes et Angoulème, un produit double de celui que l'on trouverait pour les marchandises entre Angoulème et Limoges. Et nous avons vu que c'est juste le contraire qui doit avoir lieu, le roulage étant moitié moins considérable entre Angoulème et Saintes qu'entre Angoulème et Limoges. La base d'évaluation du conseil général des ponts et chaussées, qui admet que la proportion 1,25 : 1 représente le rapport des transports des marchandises aux transports des voyageurs, peut être applicable d'une manière générale ; elle ne l'est pas à la ligne d'Angoulème à Limoges, qui est surtout appelée à transporter des marchandises. D'après les relevés de circulation que nous avons constatés, nous pensons que, pour arriver à une évaluation assez exacte du produit probable du chemin de fer d'Angoulème à Limoges, il faut

prendre, comme toujours, pour point de départ
les recettes des voyageurs, mais changer la proportion 1 : 2,25 des recettes des voyageurs aux
recettes totales, comme trop faible, et la remplacer
par la proportion 1 : 3, qui représentera mieux
le rapport de ces recettes sur notre ligne ; car
elle sera l'expression exacte du rapport qui existe
aujourd'hui sur la route d'Angoulême à Limoges
entre les colliers qui transportent les voyageurs
et ceux qui conduisent les marchandises.

Nous allons évaluer les produits probables du
chemin de fer d'Angoulême à Limoges dans deux
hypothèses :

1° En admettant toutes les règles adoptées par
le conseil général des ponts et chaussées ;

2° En admettant toutes ces règles, moins celle
qui suppose que la proportion entre les recettes
des voyageurs et les recettes totales est comme
1 : 2,25, que nous remplacerons par la proportion 1 : 3, qui représente mieux, ainsi que
nous l'avons prouvé, les rapports entre les deux
genres de recettes.

*Routes et parties de routes dont la circulation
sera absorbée par le chemin de fer d'Angoulême
à Limoges, et produit probable qu'il en retirera,
en admettant que les recettes des voyageurs
seront aux recettes totales comme 1 : 2,25.*

Le chemin de fer d'Angoulême à Limoges s'appropriera :

1° La circulation de la route impériale n° 141

tout entière. Cette circulation étant de 10 colliers 6 dixièmes de voitures de messageries, de 45 colliers 1 dixième de voitures particulières, donnera un produit de 18,656 fr. 24 c. par kilomètre, soit, pour 113 kilomètres, 2,108,156 fr. 68 c., ci.............................. 2108156 f. 68 c.

2° La circulation de la route d'Angoulême à Limoges par Montbron et Aixe. Nous n'avons que la circulation de cette route dans la Haute-Vienne; comme nous la croyons plus considérable dans la Charente, nous avons pensé que le chemin de fer en retirerait un produit égal au produit fourni par la circulation de cette route dans la Haute-Vienne, le surplus de la circulation dans la Charente étant négligé pour compenser la perte de circulation locale qui pourra avoir lieu. Cette circulation est de 5 colliers 3 dixièmes de messageries, de 12 colliers 6 dixièmes de voitures particulières, donnant un produit kilométrique de 5,472 fr. 44 c., soit, pour 115 kilomètres, 618,385 fr. 72 c., ci.................... 618385   72

3° La circulation de la route d'Angoulême à Limoges par La Rochefoucauld, le canton de Montembœuf et Rochechouart. Des renseignements nouveaux et pris

A reporter..... 2726542   40

Report.......... 2726542 f. 40 c.

sur place nous permettent d'évaluer ces transports ; nous croyons
être bien au-dessous de la vérité
en ne les portant qu'à 2,000 fr.
par kilomètre. Cette route, dont
une moitié est classée route départementale depuis deux ans seulement, est la route la plus courte
d'Angoulême à Limoges ; elle donnera, pour les 50 kilomètres qui lui
sont propres, 100,000 fr., ci......... 100000　　　》

4° La circulation de la route impériale n° 151 *bis,* d'Angoulème à
Nevers. Toute la circulation générale de cette route et une partie de
sa circulation locale, celle de Confolens sur Angoulème, profiteront
au chemin de fer. Cette circulation, étant de 4 colliers 5 dixièmes
de messageries, de 25 colliers 1
dixième de voitures particulières,
fournirait des transports pour
7,500 fr. si elle était toute absorbée ; nous ne compterons que sur
les 2/3 des transports, ce qui fait
5,000 fr. par kilomètre et donne,
pour les 80 kilomètres situés
entre Chasseneuil et Limoges,
400,000 fr., ci..................... 400000　　》

5° La circulation du chemin de
grande communication n° 12, du

A reporter..... 3226542　40

Report......... 3226542 f. 40 c.

Vivier au Pontouvre. Elle donnerait au moins, d'après son activité,
1,500 fr. par kilomètre, soit, pour
33 kilomètres, 49,500 fr., ci........ 49500 »

6° La circulation du chemin de
grande communication n° 2 , de
Chasseneuil à Saint-Cybardeaux.
Le chemin de fer retirerait de
ce chef au moins 1,500 fr. par
kilomètre, soit , pour 33 kilomètres, de Chasseneuil à Angoulème,
49,500 fr., ci.................... 49500 »

7° La circulation générale de la
route impériale n° 148. Elle fournirait environ 2,000 fr. par kilomètre, soit, pour les 65 kilomètres
situés entre Angoulème et le point
de séparation des deux routes impériales n°s 141 et 148, 130,000 fr.,
ci................................. 130000 »

TOTAL du produit de ces divers
    éléments de circulation....... 3455542 40

Ce qui, pour 113 kilomètres, donne une recette
kilométrique de 30,597 fr. 72 c.

Produit total des trois routes actuelles d'Angoulème à Limoges : 1° de la route impériale
n° 141 ; 2° de la route par Montbron et Aixe ; 3° de
la route par La Rochefoucauld , le canton de
Montembœuf et Rochechouart, 2,826,542 fr. 40 c.;
produit kilométrique de ces mêmes directions,
25,013 fr. 65 c.

Produit des routes dont la circulation sera en partie absorbée , 629,000 fr., donnant un produit kilométrique de 5,584 fr. 07 c.

Produit probable que le chemin de fer retirerait de ces mêmes routes, en admettant que les produits des voyageurs soient aux produits généraux comme 1 : 3.

Nous ne ferons les calculs que pour les deux routes principales, et nous prendrons les produits des autres tels que nous les avons déjà établis :

1° La route impériale donnerait alors 24,933 fr. 15 c. par kilomètre, et, pour 113 kilomètres, 2,817,445 fr. 95 c., ci.................. 2817445 f. 95 c.

2° La route de Montbron donnerait, par kilomètre, 7,277 fr. 30 c., et, pour 113 kilomètres, 818,944 fr. 90 c., ci................................ 818944   90

3° Nous porterons toujours la route de La Rochefoucauld à Rochechouart , comme donnant 2,000 fr. par kilomètre , soit pour 50 kilomètres , 100,000 fr., ci....... 100000   »

3736390   85

Les autres routes sont aussi portées au même chiffre que dans l'évaluation précédente pour toute leur circulation absorbée , soit 629,000 fr., ci....................... 629000   »

Produit total............... 4365390   85

D'après cette dernière évaluation, et c'est la plus exacte, ainsi que nous l'avons démontré , nous

aurions une recette totale de 4,365,390 fr. 85 c., et
un produit kilométrique de 38,650 fr. pour toutes
les circulations absorbées, et, comme provenant
des trois routes d'Angoulème à Limoges, 3,736,370
fr. 85 c. de recette totale et un produit kilométrique de 33,066 fr.

Il ressort des évaluations de produit que nous
venons d'établir, que le chemin d'Angoulème à
Limoges donnerait, réduit aux seules ressources
du trafic entre Angoulème et Limoges, 33,066 fr.
par kilomètre, si l'on admet que les marchandises
donneront le double de recettes que les voyageurs,
— et 25,013 fr., si l'on admet qu'elles ne donneront
qu'un quart en sus. Quelle que soit l'hypothèse que
l'on choisira, il restera toujours un fait acquis,
c'est que le courant commercial qui existe entre
Angoulème et Limoges est assez important pour
justifier la création d'un chemin de fer entre ces
deux villes, et pour rémunérer d'une manière
convenable les capitaux employés à son établissement.

Nous avons démontré d'une manière générale
l'utilité de notre ligne, l'importance des deux
villes principales qu'elle relie, le trafic considérable qu'elle rencontre sur son parcours; nous avons
établi son produit probable. Pour compléter notre
travail, il nous reste à réfuter les objections qu'on
a faites contre l'établissement de notre ligne, et à
combattre les divers tracés qu'on oppose à celui
que nous soutenons. C'est ce que nous allons
faire :

Réfutation de quelques objections faites à la ligne
d'Angoulême à Limoges.

Les transports principaux du chemin de fer
d'Angoulême à Limoges devaient consister, d'après
des études de M. l'ingénieur Duvignaud, nous dit-
on, dans les transports de Limoges sur Bordeaux.
Or, du moment où ces transports seront effectués
par le chemin de fer de Limoges à Bordeaux par
Périgueux, les transports propres à la ligne d'Angoulême à Limoges ne seront pas suffisants pour
en justifier la création. A cette objection, nous répondrons : 1° que les marchandises et les voyageurs qui ont emprunté la direction d'Angoulême
pour aller de Limoges à Bordeaux, ont été de tout
temps bien peu considérables ; 2° que , depuis
trois ans, tous les transports dans cette direction
ont pris la voie de Périgueux, par suite des tarifs
différentiels établis par la compagnie d'Orléans ;
or, les recettes du chemin de Périgueux à Coutras
sont telles, que nous devons en conclure qu'il n'a
pas reçu un élément de trafic important du fait
de ce courant commercial, puisque, joint au trafic propre à la ligne de Périgueux à Coutras , il
n'a pas pu élever les recettes de cette ligne à plus
de 8,000 fr. par kilomètre ; 3° que jamais la circulation n'avait été plus active, sur la route impériale
n° 141, que dans ces trois dernières années ; nous
n'avons eu pourtant, dans cette direction , aucun
des transports entre Limoges et Bordeaux. Qu'on
n'ait donc aucune crainte pour l'avenir du chemin
de fer d'Angoulême à Limoges : les relations qui
existent entre les pays qu'il est appelé à réunir

suffiront largement à elles seules pour l'alimenter.

On nous objecte aussi que notre chemin de fer sera parallèle au chemin de Périgueux à Coutras, établira une seconde communication de Limoges sur Bordeaux et enlèvera une partie de son trafic à la ligne de Périgueux. A cela nous répondrons : Nous n'avons jamais entendu dire que le parallélisme fût par lui-même un obstacle à la création d'une voie ferrée. La question est de savoir si les chemins de fer parallèles sont à une distance assez grande pour desservir des relations différentes. Or, on admet que les chemins de fer n'étendent leur rayon d'influence qu'à 40 ou 50 kilomètres au plus, de chaque côté de leur tracé ; le chemin d'Angoulème à Limoges sera, en moyenne, à 100 kilomètres de celui de Périgueux à Coutras : il lui laissera donc sa zone de 50 kilomètres à desservir, et étendra aussi son action sur une zone de même étendue. Ces deux chemins ne se nuiront donc pas sous ce rapport, bien que parallèles.

Maintenant, quant aux relations de Limoges sur Bordeaux, qu'on les fasse, si on le veut, toujours passer par Périgueux ; nous avons prouvé que notre ligne, a par elle-même un trafic suffisant ; mais nous ne pourrions pas comprendre qu'on esseyàt d'empêcher l'exécution d'un chemin de fer dont l'utilité est reconnue, sous prétexte qu'il pourrait peut-être nuire à un autre chemin déjà exécuté, et qu'on déshéritàt nos contrées d'un chemin de fer nécessaire, pour donner un peu plus de trafic à un chemin de fer créé dans des conditions moins favorables, mais pour des contrées plus favorisées; et nous disons pour terminer notre réponse : Si à ses autres avantages notre chemin de fer joint celui de créer une seconde communication de Limoges sur Bordeaux, c'est une raison de plus pour le créer, puisque ainsi vous favoriserez encore plus les relations de ces deux grandes villes commerçantes.

DES DIVERS TRACÉS DE CHEMINS DE FER QUE L'ON OPPOSE AU CHEMIN DIRECT D'ANGOULÊME A LIMOGES.

Du chemin de fer d'Angoulême à Limoges et du chemin de fer de Poitiers à Limoges.

Suivant nous, les deux chemins de fer d'Angoulême à Limoges et de Poitiers à Limoges ne s'excluent point. Ils sont appelés à desservir des relations différentes, et se trouvent à des distances telles, qu'ils ne peuvent pas se nuire. Ils rendront l'un et l'autre de grands services; mais le premier sera plus utile que le second, et, si l'on ne devait en établir qu'un, ce serait lui qu'il faudrait exécuter et non celui de Limoges à Poitiers; si l'on doit les exécuter tous deux, ce qui aura probablement lieu et ce qui serait le mieux, on doit construire d'abord celui d'Angoulême, comme le plus important. Je vais faire connaître sommairement les motifs qui justifient cette préférence pour la ligne de nos contrées :

1° Les relations entre Angoulême et Limoges sont bien plus considérables que celles qui existent entre Limoges et Poitiers. Ceci résulte de ce que les objets d'échange sont bien plus nombreux entre les Charentes et la Haute-Vienne qu'entre la Vienne et la Haute-Vienne. Ce dernier département ne demande à la Vienne que des blés et des avoines, et il ne lui envoie pas grand'chose. Nous avons fait connaître les nombreux objets d'échange qui existent entre les Charentes et la Haute-Vienne. Ainsi, on voit *à priori* qu'il y a plus de relations commerciales dans cette dernière direction que dans la première. M. Petot, qui était très désintéressé dans la question, puisqu'il voulait faire absorber les deux circulations par la ligne de Ruffec à Limoges, évaluait le trafic général, entre Angoulême et Limoges, à 17,000 fr. par kilomètre, et celui de Poitiers à Limoges à 11,000 fr. seulement, soit à un tiers de moins. Cette différence entre les deux circulations est confirmée par les relevés de circulation des routes impériales, faits en 1856 et 1857. La route impériale n° 141 a, entre Angoulême et Limoges, une circulation moyenne de 260 colliers par jour; la route impériale de Limoges à Saumur n'a, entre Limoges et Poitiers, qu'une circulation de 178 colliers, inférieure d'un tiers environ à la première ;

2° Le chemin de fer de Poitiers à Limoges aura aussi l'inconvénient de coûter beaucoup plus cher que celui d'Angoulême à Limoges. On a évalué la dépense du premier à 39 millions; le second ne coûtera, d'après les ingénieurs, qui en ont fait consciencieusement les études, que 247,000 fr. par kilomètre, soit, pour 101 kilomètres à construire, 24,947,000 fr., ou, en nombres ronds, 25 millions : c'est 14 millions de moins que le premier. Et, si l'on rapproche cette dépense de 14 millions de moins, des recettes, qui seront d'un tiers supérieures, on doit comprendre quel intérêt immense il y aurait pour une compagnie à exécuter une ligne plutôt que l'autre ;

3° Si l'on ne devait construire que l'une des deux lignes, les habitants des Charentes auraient bien plus à souffrir de l'inexécution de leur ligne, que ceux de Poitiers de l'inexécution de la leur. En effet, si l'on exécute seulement la ligne de Limoges à Poitiers, cette ville sera à 156 kilomètres de Limoges ; mais les habitants d'Angoulême, obligés de passer par Poitiers pour aller à Limoges, auront à parcourir 113 kilomètres d'Angoulême à Poitiers, 156 de Poitiers à Limoges, en tout 269 kilomètres. Ils en sont aujourd'hui, par la route impériale n° 141, à 103 kilomètres. Il n'y aurait pas d'avantage pour eux à employer la voie ferrée ; ils mettraient autant de temps pour aller à Limoges par le chemin de fer, qu'ils en mettent par la voie de terre ; et ce que nous disons d'Angoulême s'applique à toutes les villes comprises entre Angoulême et Rochefort, c'est-à-dire à presque toutes les villes importantes des deux Charentes.

Supposez, au contraire, qu'on exécute seulement la ligne d'Angoulême à Limoges, voici ce qui arrivera : Angoulême sera, par le chemin de fer, à 113 kilomètres de Limoges, au lieu de 269, soit à 156 kilomètres de moins. Poitiers, il est vrai, verra sa distance de Limoges augmentée ; il aura 113 kilomètres de Poitiers à Angoulême, 113 d'Angoulême à Limoges, en tout 226 kilomètres,

au lieu de 156 par sa ligne : c'est une augmentation de 70 kilomètres de parcours, soit d'environ
un tiers. Il est bien évident qu'il y aurait moins
d'inconvénient d'allonger la distance de Poitiers
à Limoges d'un tiers, que d'allonger celle d'Angoulème à Limoges des trois cinquièmes du parcours ;

4° Si l'on ne devait exécuter que l'une des deux
lignes, la ville de Limoges perdrait également à
l'adoption du tracé de Poitiers. Par ce tracé, Limoges serait à 293 kilomètres de Rochefort : 156
de Limoges à Poitiers, 137 de Poitiers à Rochefort ; — à 297 kilomètres de La Rochelle : 156 de
Limoges à Poitiers, 141 de Poitiers à La Rochelle.
Par le tracé d'Angoulème, Limoges ne serait qu'à
223 kilomètres de Rochefort : 113 de Limoges à
Angoulème, 110 d'Angoulème à Rochefort ; — et à
258 de La Rochelle : 223 de Limoges à Rochefort,
35 de Rochefort à La Rochelle. Par ce dernier
tracé, Limoges serait donc rapproché de 70 kilomètres de Rochefort, de 39 de La Rochelle, et,
par suite, de toutes les villes du littoral au nord
de La Rochelle, cette ville devant être reliée à
Nantes au point de vue stratégique.

Sous tous les rapports, le chemin de fer
d'Angoulème à Limoges est donc préférable au
chemin de fer de Poitiers à Limoges. Nous avons
vu que ces deux chemins ne s'excluent pas ; c'est
une simple priorité d'exécution que nous réclamons pour celui d'Angoulème à Limoges, comme
plus important.

*Du chemin de fer direct d'Angoulême à Limoges et
du chemin de fer par Luxé et la vallée du Son.*

Le tracé du chemin de fer d'Angoulême à Limoges, qui emprunterait le chemin de Paris à
Bordeaux jusqu'à Luxé, pour, de là, se diriger sur
Limoges par la vallée du Son, ne nous paraît pas
aujourd'hui sérieusement soutenu. Ce tracé avait
été étudié, en 1846, par M. Duvignaud, à l'époque
où cet ingénieur, après des études un peu trop
superficielles, croyait que le tracé par La Rochefoucauld était impossible ; depuis que les études
plus récentes de M. Levert ont démontré que le
tracé par La Rochefoucauld était non-seulement
possible, mais même dans des conditions ordinaires d'exécution, le tracé de Luxé ne peut être
soutenu à aucun point de vue. Il nous suffira donc
de dire que ce tracé a le grave inconvénient ·
1° de ne pas partir d'Angoulême, cette ville qui offre tant de ressources à un chemin de fer et qui a
tant de droits et d'intérêts, par son importance
commerciale, à être tête de ligne ; 2° d'allonger de
21 kilomètres la distance d'Angoulême à Limoges ; 3° de laisser de côté Ruelle, La Rochefoucauld, Chasseneuil ; 4° de ne pas desservir même
indirectement Montbron. Ces graves inconvénients ne sont compensés par aucun avantage ; le
tracé de Luxé ne rencontrant sur son parcours
jusqu'à Nieuil, où il se confond avec celui de La
Rochefoucauld, aucun centre de population,
nulle raison sérieuse ne milite en sa faveur ; je ne
m'y arrêterai pas davantage.

Du chemin direct d'Angoulême à Limoges et du chemin de Nantes à Limoges par Niort et Ruffec, qui serait mieux désigné sous le nom de chemin de Niort à Limoges.

Pour savoir quelle est celle des deux lignes de Niort à Limoges par Ruffec et Chabanais, ou d'Angoulême à Limoges par La Rochefoucauld et Chabanais, qui est la plus utile, il faut examiner la circulation des routes qu'elles sont appelées à remplacer. Le chemin de Niort à Limoges suppléera la route impériale nº 148, dite de Nantes à Limoges. Cette route, entre Niort et Limoges, n'a qu'une circulation sans importance : jamais on n'a pu y établir un service de messageries, et le roulage n'y a aucune activité, et c'est pourtant dans la direction de cette route que l'on veut établir un chemin de fer, en l'intitulant pompeusement *chemin de Nantes à Limoges,* en parlant des droits acquis par les populations.

Nous répondrons à ces prétentions : De deux choses l'une : ou la route impériale nº 148, de Nantes à Limoges, est celle par laquelle s'effectuent les échanges entre ces deux villes, ou elle ne l'est pas. Si elle ne l'est pas, il n'y a aucun droit acquis par les populations pour réclamer le chemin de fer par des contrées qui n'ont pas par elles-mêmes les éléments de trafic nécessaires pour l'alimenter ; si cette direction est celle par laquelle s'effectuent ces échanges, nous dirons alors : Les échanges entre Nantes et Limoges, qui s'effectuent en effet par cette direction, ne sont pas suffisants pour justifier la création

d'un chemin de fer, puisque , joints au trafic local, ils parviennent à peine à former, dans le
département de la Charente, une circulation totale de 56 colliers par jour.

Le chemin de fer d'Angoulême se présente dans
des conditions toutes différentes : il est appelé à
remplacer les trois routes qui relient actuelle-
ment Angoulême à Limoges ; une de ces routes, la route impériale n° 141, a une circulation
de 260 colliers par jour, qui est cinq fois plus considérable que celle de la route impériale n° 148, de
Nantes à Limoges ; une autre de ces routes, celle qui
passe par Montbron et Aixe, a une circulation
de 97 colliers, dépassant encore celle de la route
de Nantes à Limoges de près de moitié ; pour la
circulation dans la troisième direction, elle n'a
pas été constatée, parce qu'elle empruntait un
chemin de moyenne communication qui n'est
classé route départementale que depuis deux ans.
Sans tenir compte de cette circulation, il n'en résulte pas moins qu'il y a entre Angoulême et Limoges une circulation constatée de 357 colliers
par jour, à opposer à une circulation de 56 colliers
sur la route de Nantes à Limoges. C'est une circulation sept fois plus importante.

Il existe entre Angoulême et Limoges une circulation suffisante pour justifier la création d'un
chemin de fer ; en est-il de même du chemin de
fer de Niort à Limoges ? Ce chemin ne trouverait
sur son parcours qu'un trafic insignifiant. Aussi
demande-t-on qu'on lui sacrifie les deux chemins
de fer d'Angoulême à Limoges et de Limoges à
Poitiers, qu'il suppléerait très bien, dit-on. Nous
demanderons s'il est juste, s'il est convenable de

sacrifier à une ligne qui n'a aucune raison d'être
par elle-même, deux chemins de fer qui sont jus-
tifiés par l'importance des courants commerciaux
qu'ils sont appelés à remplacer, et des centres
de population qu'ils doivent relier entre eux. Nous
ne pouvons le croire ; nous ne pensons pas qu'on
veuille renouveler la faute qu'on a commise en
concédant le chemin de fer de Saint-Rambert à
Grenoble, et qu'on veuille s'exposer de nouveau
à être obligé de faire trois chemins pour avoir
voulu, dans le principe, éviter d'en faire deux.

Le chemin de fer de Niort à Limoges, qui n'a
pas de courant commercial qui le justifie, ne
rencontre pas non plus dans son parcours de centre de population important, sur la partie du tracé
qui lui est propre entre Niort et Chabanais (au delà
il a le même tracé que le chemin direct d'Angoulême à Limoges). Sur 110 à 115 kilomètres, il ne
traverse qu'une seule ville, Ruffec, chef-lieu d'arrondissement peuplé de 3,500 habitants, et qui
est déjà traversé par le chemin de fer de Paris à
Bordeaux.

Les populations qui profiteraient du chemin
de Niort à Limoges sont bien moins nombreuses
que celles qui profiteraient du chemin d'Angoulême à Limoges, comme on le verra dans le tableau suivant :

Populations intéressées au chemin de fer d'Angoulême à Limoges.	*Populations intéressées au chemin de fer de Niort à Limoges par Ruffec.*
1° Dans la Charente :	
Les trois arrondissements d'Angoulême, Cognac et Bar-	1° Dans la Charente : Les cantons de Villefagnan,

bezieux, le canton de Montembœuf, le canton de Saint-Claud moins cinq communes, soit 11,418 habitants sur 15,629. Le canton de Chabanais a aussi plus d'intérêt à être réuni directement avec Angoulême, le chef-lieu du département, qu'avec Ruffec, où il n'a aucune relation. Une partie du canton de Mansle, toute celle qui avoisine Cellefrouin et Saint-Angeau, a aussi intérêt à notre ligne plutôt qu'à celle de Ruffec; nous considèrerons pourtant ces populations comme à peu près désintéressées, et nous ne les compterons ni pour un projet, ni pour l'autre. Nous n'en avons pas moins dans la Charente 276,544 habitants intéressés à cette ligne;

2° Dans la Charente-Inférieure :

Toutes les populations des arrondissements de Jonzac, Saintes, Saint-Jean-d'Angély, ont un grand intérêt à la ligne directe sur Limoges, qui les rapproche de cette ville et du centre de la France, où ils peuvent écouler leurs produits dans des conditions plus favorables, et d'ou ils peuvent retirer plus avantageusement les produits de ces contrées, qui leur sont indis-

Ruffec, Aigre, Champagne-Mouton, les deux cantons de Confolens, cinq communes de celui de Saint-Claud, d'une population de 68,807 habitants.

2° Dans la Vienne :

L'arrondissement de Civray, peuplé de 50,093 habitants;

3° Dans les Deux-Sèvres :

L'arrondissement de Melle, peuplé de 77,849 habitants.

Celui de Niort, peuplé de 105,948 habitants.

Total des populations intéressées au chemin de Niort à Limoges, 302,697 habitants.

pensables. Ces populations s'é
lèvent à 274,250 habitants.

Total des populations intéressées au chemin direct
d'Angoulême à Limoges ,
550,674 habitants.

Il ressort de ce tableau qu'il y a 247,997 habitants de plus qui sont intéressés à la ligne d'Angoulème à Limoges, qu'il n'y en a d'intéressés à
la ligne de Niort à Limoges, qui est pourtant plus
longue de 65 kilomètres.

La richesse des populations qui profiteront de
la première ligne, est aussi bien plus grande que
celle des populations qui profiteraient de la
deuxième. Ainsi, dans la Charente, les populations
qui ont intérêt au chemin direct sont quatre fois
plus nombreuses que celles qui ont intérêt à la ligne de Ruffec ; elles paient un impôt foncier de
3,511,343 fr., qui est cinq fois plus élevé que celui
qui est payé par ces dernières (716,992 fr.). Enfin,
les deux seuls cantons d'Angoulême, avec une population de 43,316 habitants, paient un impôt
foncier de 759,321 fr., supérieur de 42,329 fr. aux
impôts fonciers des six cantons intéressés au chemin de Ruffec.

Le chemin de Limoges à Angoulême établira,
avec le chemin d'Angoulême à Rochefort et la ligne stratégique de Nantes à Bordeaux, une communication assez directe de Nantes à Limoges. Il
n'allongera le parcours entre ces deux villes que
d'un cinquième: de 330 kilomètres, il sera porté à
390 kilomètres. Si l'on tient compte du peu de relations de ces deux villes, du prix élevé des ob-

jets qui les alimentent : thés, cafés, cacaos, su-
cres, denrées coloniales, on se convaincra que ce
faible allongement de parcours n'entravera point
du tout leurs relations. L'augmentation de prix
qui pourrait en résulter pour les marchandises
sera insensible. Si l'on ne faisait pas le chemin
d'Angoulême à Limoges, et que les relations entre
ces deux villes fussent obligées de s'effectuer par
Ruffec, il en résulterait, au contraire, de graves
inconvénients. La distance de ces deux villes, qui
serait de 113 kilomètres par la ligne directe, se
trouverait portée à 161 par le passage par Ruffec.
Ce serait une augmentation de parcours de près
d'un tiers. Cette augmentation de parcours serait
une lourde charge dans toute circonstance ; jugez
combien elle serait pesante pour des échanges
qui consistent surtout en matières encombrantes,
qui ont un grand volume, un fort poids et une
faible valeur, comme les vins, les pierres de taille,
les sels, les plâtres, les pierres à chaux, les papiers, les bois merrains, les cercles et les charbons
de terre et de bois.

Le commerce de Nantes à Limoges souffrira
donc bien moins, si même il en souffre, de
l'inexécution de la ligne de Niort à Limoges par
Ruffec, que le commerce des Deux-Charentes et
de la Haute-Vienne ne souffrirait de l'inexécution
de la ligne d'Angoulême à Limoges. Il vaut donc
bien mieux, au point de vue de l'intérêt général,
exécuter cette dernière ligne.

Les partisans du chemin de fer de Nantes à
Limoges par Ruffec, voyant le peu de valeur commerciale de leur ligne, nous parlent de l'intérêt qu'il
y a de relier Brest et Toulon, au point de vue stra-

tégique, et nous disent que leur chemin de fer est la ligne directe entre ces deux ports, les deux premiers ports militaires de l'empire. Eh bien ! cette raison n'est pas plus fondée que les autres. Ce chemin n'est pas plus direct que le chemin qui de Nantes se dirigerait sur Limoges par Clisson, Mortagne, Bressuire, Poitiers, Montmorillon et La Souterraine; pas plus direct que le chemin de Nantes à Toulon par Tours, Vierzon, Bourges, Nevers, Roanne, Tarare, Lyon, Avignon et Marseille; pas plus direct que le chemin de Nantes à Toulon par Tours, Vierzon, Nevers, Clermont, Lempdes, Alais, Tarascon, Avignon et Marseille; il n'est donc pas utile à ce point de vue, puisqu'il peut être suppléé par tant d'autres lignes déjà concédées ou dont la concession à venir est indiquée par les chemins concédés. Le chemin d'Angoulême à Limoges, au contraire, aura, au point de vue stratégique, le grand avantage de relier la poudrerie d'Angoulême, la fonderie impériale de Ruelle, avec tous nos ports militaires. En sorte que ces deux importants établissements, où se confectionnent ces grands éléments de la guerre, la poudre et les canons, seront à la portée de tous nos ports militaires, auxquels ils pourront expédier rapidement tout ce dont ils auront besoin pour leur défense. Un de ces ports, Rochefort, sera à peine à trois heures de ces établissements. Au point de vue stratégique, comme à tous les autres points de vue, le chemin de fer d'Angoulême à Limoges est donc plus utile que celui de Nantes ou de Niort à Limoges.

Nous n'insisterons pas davantage pour démontrer la supériorité du chemin de fer d'Angoulême à Limoges sur celui de Niort ou de Nantes, comme on le voudra, à Limoges. Nous ne nous arrêterons point pour faire comprendre que, lorsque le grand Turgot parlait de relier Limoges à l'Océan, il entendait l'y relier par la direction rationnelle, c'est-à-dire en passant par Angoulême, et non point par Confolens et Ruffec. Il y a de ces choses qu'il suffit d'énoncer pour les faire comprendre. Nous ne parlerons point de la valeur de l'opinion de la commission d'enquête chargée, dans le département de la Charente, de donner son avis sur l'utilité du chemin de Nantes à Limoges. Cette commission, composée de treize membres, en avait neuf qui avaient été pris dans les parties des arrondissements de Ruffec et de Confolens qui avaient intérêt à ce chemin de fer : un cinquième de la population de la Charente était donc représenté par neuf membres, les quatre cinquièmes de cette population l'étaient par quatre seulement.

Du chemin de fer d'Angoulême à Limoges par La Rochefoucauld et Chabanais, et du chemin de fer d'Angoulême à Limoges par La Rochefoucauld, Piégut et Bussière-Galante.

Avant d'aborder la comparaison de ces deux lignes, nous croyons devoir faire connaître ce qui s'est passé jusqu'à ce jour dans nos régions du sud-ouest, à propos des chemins de fer. Un département voisin, celui de la Dordogne, a obtenu toutes les lignes ferrées qu'il pouvait ambitionner. On a sacrifié à ses désirs, à ses prétentions les moins justifiées, les intérêts, les droits de tou les départements qui l'entourent. Aujourd'hui ce département a 250 kilomètres de chemin de fer concédés définivement, 30 environ de concédés éventuellement (l'embranchement de Bergerac) ; nous, habitants de la Charente, depuis quinze ans nous sollicitons un chemin de fer de Rochefort à Limoges par Angoulême, qui est dans des conditions bien meilleures qu'aucun des chemins de la Dordogne, et nous n'avons pas encore pu l'obtenir. Devant cette différence dans la manière dont sont traités les deux départements, nous nous sommes ému ; mais, craignant que notre patriotisme local nous aveuglât, avant de porter un jugement, nous avons voulu nous éclairer. Nous nous sommes dit : Peut-être que le département de la Dordogne, que nous croyons favorisé à cause d'une influence toute-puissante, n'a, en définitive, obtenu que ce qu'il devait légitimement obtenir; pour éclaircir nos doutes, nous avons fait des recherches : c'est leur résultat que nous allons mettre sous les yeux du public.

Nous avons voulu d'abord savoir quels étaient les éléments de circulation dans la Dordogne et dans les départements voisins ; la circulation déjà existante est un grand point à connaître, car les chemins de fer ne sont faits que pour la développer.

Voici ce que nous avons trouvé.

Le tableau suivant est extrait littéralement du tableau graphique indiquant l'importance de la circulation des routes impériales dans chaque département.

Ce tableau a été fait d'après les ordres du ministre des travaux publics :

DÉPARTEMENTS.	Rang du département pour sa circulation totale.	TONNES transportées par jour sur toutes les routes impériales	CIRCULATION par kilomètre.	NOMBRE de kilomètres.	
Dordogne.	61	35074	167,4	366k	5
H^{te}-Vienne.	52	42446	185,4	377	1
Charente.	48	46666	226,8	347	8
Ch^{te}-Infér.	17	80228	295,7	427	2

Il résulte de ce tableau que le département de la Dordogne est celui des quatre départements que nous venons de comparer qui a la circulation la moins active ; que le département de la Charente a une circulation de 59 colliers 4 dixièmes par kilomètre de plus que celui de la Dordogne, soit de 26 0/0 supérieure à cette dernière ; que celui de la Haute-Vienne a une circulation de 18 colliers par kilomètre de plus que celui de la Dordogne. Quant à la Charente-Inférieure, sa circulation est presque le double de celle de la Dordogne. La conséquence de ces faits, c'est qu'à droits égaux il y aurait plus d'avantage à faire passer un chemin de fer dans ces trois départements que dans celui de la Dordogne : le chemin aurait ainsi beaucoup plus de chance d'avoir un trafic rémunérateur, car il traverserait des contrées où la circulation est bien plus active.

Nous avons aussi voulu connaitre la densité de la population : c'est un indice de la richesse d'un pays. Nous avons trouvé que la population par kilomètre carré était, dans la Charente, de 64 habitants 40 centièmes ; dans la Haute-Vienne, de 57 habitants 88 centièmes ; dans la Dordogne, de 55 habitants 26 centièmes. La population est donc beaucoup plus dense dans la Charente que dans la Dordogne, un peu plus dense dans la Haute-Vienne que dans la Dordogne.

Nous avons aussi voulu comparer l'industrie de nos départements : le rang que les départements occupent pour l'impôt des patentes donne une idée assez exacte de leur industrie. Voici ce que nous avons trouvé : le département de la Charente, avec une population de 382,912 habitants et une superficie de 594,000 hectares, occupe, parmi les départements, le quarante-sixième rang pour les patentes ; celui de la Haute-Vienne, avec une population de 319,379 habitants et une superficie de 551,734 hectares, occupe pour les patentes le cinquante-deuxième rang ; la Dordogne, avec une population de 505,789 habitants et une superficie de 915,295 hectares, n'occupe que le cinquante-quatrième rang.

La Charente et la Haute-Vienne, avec une superficie et une population moins grandes, occupent cependant un rang supérieur pour l'impôt des patentes ; elles doivent donc avoir une industrie bien plus développée.

Nous ne nous en sommes pas tenu là : nous avons aussi comparé les recettes des chemins de fer dans la Dordogne avec les recettes des chemins de fer dans le département de la Charente. Nous avons trouvé que le département de la Charente avait fourni au chemin de fer de Paris à Bordeaux, en 1859, sur les 115 kilomètres qui le traversent, une recette de 3,455,000 fr., ce

qui donne une recette kilométrique de 30,400 **fr.**
Le chemin de Périgueux à Coutras, qui a
76 kilomètres, n'a donné, la même année, que
625,000 fr. de recette, soit 8,223 fr. par kilomètre : c'est un peu plus du quart des recettes kilo-
métriques fournies au chemin de Paris à Bordeaux
par le département de la Charente ; c'est beaucoup
moins que le tiers. Il en résulte, je crois, qu'une
compagnie aurait plus d'avantage à construire un
chemin de fer dans la Charente que dans la Dordogne.

Nous avons aussi remarqué que le nombre des
kilomètres des routes impériales, dans toute la
France, est de 36,000 ; que le nombre des kilomètres de chemins de fer concédés est d'environ
18,000, soit à peu près la moitié de l'étendue des
routes impériales. Si la répartition des chemins
de fer s'était faite, entre les départements, propor-
tionnellement à l'étendue de leurs routes impériales et à la circulation de ces routes, le département
de la Dordogne, étant le soixante-et-unième pour la
circulation de ses routes, aurait eu à peine 150
kilomètres de chemins de fer ; il en a obtenu plus
de 280. Le département de la Charente, au contraire, en aurait obtenu près de 200 ; il n'en a que
115. Le premier a donc déjà beaucoup plus de
chemins de fer concédés sur son territoire qu'il
n'aurait droit à en avoir ; celui de la Charente en
a, au contraire, beaucoup moins. Si l'on doit en
concéder de nouveaux, on doit les accorder à la
Charente ; d'autant plus que les 115 kilomètres de
chemins de fer qui existent dans la Charente
n'ont pas été concédés au point de vue des intérêts de ce département ; ils lui sont très utiles ; ils

lui rendent de grands services ; mais ils ne sont
pas établis dans la direction de ses relations les
plus importantes. Ses relations les plus importantes ne sont pas du nord au sud, mais bien de
l'ouest à l'est, ainsi que le constatent les directions de ses routes impériales. Sur les cinq routes
impériales qu'il possède, une seule , le n° 10 , va
du sud au nord ; les quatre autres vont de l'est à
l'ouest. C'est par cette observation que je termi-
nerai l'exposé de mes recherches sur nos départements du sud-ouest, et spécialement sur ceux
de la Charente et de la Dordogne.

Les habitants de la Dordogne demandent que le
chemin de fer d'Angoulème à Limoges passe à
Ruelle, desserve La Rochefoucauld , se dirige ensuite vers Bussière-Galante, en passant entre Montbron et Marthon, Saint-Mathieu et Piégut, et un
peu au-dessous de Châlus. Nous avons fait connaître le tracé que les habitants de la Charente et
de la Haute-Vienne réclament depuis longtemps :
c'est celui par La Rochefoucauld et Chabanais.

La première objection que nous ferons au tracé
des habitants de la Dordogne, c'est de ne tenir aucun compte des droits acquis, des intérêts créés, des
courants commerciaux établis. De tout temps , le
commerce entre les deux Charentes et la Haute-
Vienne s'est effectué par le nord de la Charente et
la vallée de la Vienne ; il est juste, si l'on fait desservir ce courant commercial par un chemin de
fer, d'établir ce chemin de fer dans la direction
que ce courant commercial a toujours suivie, et
ce serait un tort grave de le détourner de cette
direction : on froisserait ainsi un grand nombre
d'intérêts très respectables. Aussi n'hésitons-nous

pas à dire qu'à première vue on doit reconnaître
que le chemin de fer d'Angoulême à Limoges doit
passer par La Rochefoucauld et Chabanais, et,
pour qu'on revînt de cette opinion, il faudrait
que la ligne qu'on lui oppose, et qui a le grave
inconvénient dont nous venons de parler,
eût des intérêts tout-puissants, des intérêts de
premier ordre à satisfaire. Si les intérêts qui militent en sa faveur ne sont que des intérêts ordinaires, des intérêts égaux ou même un peu supé-
rieurs à ceux qui militent en faveur de la direction que le commerce a suivie de tout temps, c'est
cette dernière qu'il faut adopter.

La ligne d'Angoulême à Limoges, par Piégut et
Bussière-Galante, aura 21 kilomètres d'Angoulême
à La Rochefoucauld, et 68 de La Rochefoucauld à
Bussière-Galante; elle empruntera sur 34 kilomètres la ligne de Limoges à Agen; elle aura donc
en tout 123 kilomètres de parcours, dont 89 kilomètres à construire. Le chemin de La Rochefoucauld et Chabanais n'aura que 113 kilomètres; il
sera donc plus court de 10 kilomètres que celui
par Bussière-Galante. Nous avons vu que les relations d'Angoulême à Limoges donneraient des recettes de 30,000 fr. au moins, probablement de
38,000 fr. Le chemin de Piégut, étant de 10 kilomètres plus long que celui de Chabanais, grèverait le commerce d'un surcroît de frais de transport de dix fois 30,000, soit 300,000, en admettant les recettes de 30,000 fr. par kilomètre; et
si elles étaient de 38,000 fr., il le grèverait de
dix fois 38,000 fr., soit 380,000 fr. Au point de
vue des intérêts du commerce, il vaudrait donc
mieux faire la ligne par La Rochefoucauld et Cha-

banais, qui lui éviterait cet accroissement de frais de transport.

Si nous examinons les centres de population desservis par les deux voies, nous voyons que le tracé de Bussière-Galante laissera La Rochefoucauld à gauche, et ne le desservira dès lors que très imparfaitement ; qu'il passera entre Marthon et Montbron, et desservira donc indirectement Montbron ; il en sera de même pour Nontron, qu'il laissera à droite, à 10 kilomètres environ, et pour Châlus, qu'il laissera à gauche, à 5 ou 6 kilomètres. En sorte que ce chemin, sur les 89 kilomètres de parcours qui lui seront propres, ne passera dans aucune ville et en desservira indirectement quatre, dont un chef-lieu d'arrondissement de la Dordogne, Nontron ; ces quatre villes ont une population de 11,938 habitants.

Le tracé direct traverse quatre villes peuplées de 13,000 habitants : La Rochefoucauld, Chabanais, Saint-Junien et Aixe ; il en dessert indirectement quatre : Montbron, Confolens, Bellac et Rochechouart, dont trois chefs-lieux d'arrondissement, peuplées de 14,600 habitants.

Populations qui profiteraient du chemin de fer par La Rochefoucauld et Chabanais :

1° Les six cantons de l'arrondissement de Confolens, peuplés de. . . . . 71440 hab.
Le canton de La Rochefoucaud, de   16663
Quatre cantons de l'arrondissement de Rochechouart, de. 41481
Le canton de Bellac, de 10589
Le canton de Nantiat, de. 11309

A reporter..... 151482

Report.......... 151482 hab.

Le canton de Mézières, de. 10259
Le canton de Nieuil, de 6970
Le canton d'Aixe, de. 11991
La ville de Montbron et cinq communes de ce canton, de. 7730
Huit communes du canton de Mansle, de. 6470

Soit en tout seize cantons et deux fractions de cantons égales par leur population à un canton, peuplés de. 194902

Populations qui profiteraient de la ligne par Bussière-Galante :

Canton de Montbron, peuplé de . 13137 hab.
Deux tiers de La Rochefoucauld, de. 10500
Canton de Bussière-Badil, de. . . 8896
Canton de Nontron, de. 15156
Canton de St-Pardoux-la-Rivière, de. 10604
Canton de Saint-Mathieu, de. 9851
Canton de Chàlus, de. 8611

Soit en tout six cantons deux tiers, peuplés de. 76755

Le premier desservira donc dix-sept cantons peuplés de 194,902 habitants ; le second n'en desservira que sept peuplés de 76,755 habitants, soit 118,147 de moins que le premier. Et si maintenant on nous objecte que notre chemin de fer ayant 10 ou 12 kilomètres de chemin de fer de plus à construire, coûtera plus que celui de Bussière-Galante, nous répondrons : C'est possible, bien que ce ne soit pas sûr : le chemin de Bussière-Galante suit la crête des coteaux dans la Charente, dans la Dordogne et la Vienne; il passe dans un pays très accidenté; nous ne serions pas étonné que, bien que moins long, il coûtât autant que celui de La Rochefoucauld, qui suit presque constamment les vallées. Mais admettons que le tracé par Chabanais coûtât 3,000,000 de plus, ce surplus de dépense ne serait-il pas largement compensé par ce fait qu'il y aurait 118,147 habitants de plus en France qui profiteraient des avantages des voies ferrées? Remarquez qu'il y a aujourd'hui en France 1 kilomètre de chemin de fer concédé par 2,000 habitants; les 148,149 habitants que le chemin de fer de Chabanais dessert de plus que celui de Bussière-Galante justifieraient donc la création, non pas de 10 ou 12 kilomètres de plus seulement de chemin de fer, mais bien de 59 kilomètres.

On nous dit qu'un des grands avantages de la jonction du chemin d'Angoulême à Limoges au chemin de Limoges à Agen, à Bussière-Galante, c'est que là on trouvera le chemin de fer de Brives, et qu'on pourra dès lors, dans les Charentes, retirer des charbons de terre des mines d'Aubin, dont on sera très rapproché par le chemin de fer de Brives. Notre réponse sera bien facile. Les mines d'Aubin sont très peu importantes; les houilles qu'elles produisent se consommeront facilement sur place. Nous ne croyons pas qu'on en expédie beaucoup sur les Charentes.

Nous sommes, au surplus, bien plus près des mines d'Ahun et de Commentry que de celles d'Aubin ; c'est de celles-ci qu'il faut nous rapprocher plutôt que des autres, et c'est le résultat que nous atteignons avec le chemin de fer par Chabanais. Nous avons des relations très considérables avec Limoges, nous n'en avons pas avec Brives : il faut donc tendre à se rapprocher le plus possible de Limoges, sans tenir compte des charbons d'Aubin, qu'on n'emploiera peut-être jamais dans les Charentes, et qui, au surplus, nous viendraient aussi bien à des prix modérés par Beynac que par Bussière-Galante, grâce à la concurrence des charbons anglais et des charbons de la Creuse et de l'Allier.

Nous combattrons enfin le tracé de Piégut au point de vue des intérêts généraux du pays. Lorsque nous demandons le chemin de fer de Rochefort à Limoges par Angoulême, c'est à la fois au point de vue de l'intérêt de nos contrées et au point de vue de l'intérêt général. Nous considérons ce chemin comme tête de ligne d'une grande voie ferrée de l'ouest à l'est, destinée à mettre en communication directe avec l'Océan les grands centres industriels et commerçants de Clermont, Lyon et Saint-Etienne, et ce chemin de fer, que Lyon, que Saint-Etienne, que Clermont, que Limoges réclament, est appelé à rendre aux contrées situées au nord du plateau central des montagnes du Limousin et de l'Auvergne, les mêmes services que le chemin de Lyon à Bordeaux par Aurillac et Périgueux rendra aux contrées situées au midi de ces montagnes. Mais, si l'on veut que ce chemin donne tous les services qu'il doit procurer, il faut qu'on l'établisse le plus directement qu'on le pourra, qu'on lui fasse emprunter sur le moindre parcours possible les lignes du nord au sud , de manière à ce que les deux courants commerciaux du nord au sud et de l'ouest à l'est ne se gênent pas. Le tracé de Piégut a le grave inconvénient d'emprunter sur un trop long parcours (34 kilomètres) la ligne de Limoges à Agen; d'allonger de 10 kilomètres la distance d'Angoulème à Limoges , qu'il faut, au contraire, tendre à diminuer. Le tracé par La Rochefoucauld a l'avantage d'être plus court que celui de Piégut de 10 kilomètres, de n'empruter que sur 11 kilomètres la voie de Limoges à Agen. Il est donc préférable au point de vue de l'intérêt général , et il faut l'adopter en essayant de l'améliorer encore et de le rendre plus direct.

Nous pensons qu'il résulte clairement de la comparaison que nous venons de faire, que le tracé du chemin de fer de Limoges à Angoulème par La Rochefoucauld etChabanais est bien préférable au tracé par Piégut et Bussière-Galante.

Nous sommes arrivé à la fin de notre travail sur la ligne ferrée d'Angoulème à Limoges par La Rochefoucauld et Chabanais, et nous croyons pouvoir dire, en terminant, comme l'honorable M. Levert :

« Cette ligne sera la plus avantageuse au public, parce qu'elle sera la plus courte;

« La plus équitable , parce qu'elle respecte tous les droits acquis ;

« La plus productive, parce qu'elle dessert toutes les localités les plus importantes situées entre les points extrèmes. »

Elle mérite donc, à tous égards, la préférence sur les combinaisons rivales.

Angoulème, le 22 août 1860.

DE VILLEMANDY.

QUELQUES OBSERVATIONS

SUR L'UTILITÉ

D'UN CHEMIN DE FER

DE LYON ET SAINT-ÉTIENNE A L'OCÉAN

PAR SAINT-GERMAIN-DES-FOSSÉS ET MONTLUÇON

AYANT POUR TÊTE DE LIGNE LE CHEMIN DE FER DE ROCHEFORT A LIMOGES
PAR ANGOULÊME

Les études que nous avons faites relativement au chemin de fer de Rochefort à Limoges par Angoulême, nous ont amené tout naturellement à nous occuper de la prolongation rationnelle de cette ligne sur Clermont, Lyon et Saint-Etienne, dont se préoccupent si sérieusement ces trois grandes villes, ainsi que la ville de Limoges. On nous excusera donc si nous en disons ici quelques mots.

Si l'on tient compte des besoins de nos contrées, le chemin de fer de Rochefort à Limoges par Angoulême est appelé à être la tête de ligne d'une grande voie ferrée de l'ouest à l'est, qui devrait se diriger de Limoges sur Lyon, en suivant un tracé aussi direct, aussi court que possible, en passant, par exemple, par Bourganeuf, Aubusson, Clermont, Thiers, Roanne et Tarare. Cette ligne rapprocherait toutes les villes de l'Est de celles de l'Ouest, dans une proportion sensible ; elle rendrait un immense service aux contrées du centre de la France, et nous pensons que les avantages considérables qu'elle réaliserait indemnise-

5.

raient largement l'État des sacrifices qu'il serait obligé de s'imposer pour la faire exécuter.

Mais si le gouvernement, dans les circonstances actuelles, en présence des grands travaux publics déjà entrepris, reculait devant l'importance de ces sacrifices, il y a une combinaison de tracé qui, bien que moins favorable pour les contrées de l'Est et de l'Ouest, leur rendrait cependant de très notables services, et satisferait d'une manière assez convenable à leurs légitimes désirs. C'est d'elle que nous allons nous occuper.

Cette combinaison de tracé consisterait à prendre toujours pour tête de ligne le chemin de fer direct de Rochefort à Limoges par Angoulème, à emprunter, à partir de Limoges, la ligne de Limoges à Montluçon, à se servir de la ligne de Montluçon à Moulins jusqu'à Commentry, pour, de Commentry, se diriger sur Saint-Germain-des-Fossés par un embranchement de 60 kilomètres environ, et arrivé là, à emprunter les voies existantes, pour se rendre soit à Lyon, à Saint-Etienne ou à Clermont. On aurait ainsi une ligne ferrée continue de l'ouest à l'est, qui abrègerait, il est vrai, un peu moins les distances des centres principaux que la ligne que nous avons indiquée d'abord, mais qui aurait le grand avantage de ne nécessiter que des dépenses bien minimes ; et comme les populations de nos contrées n'ont pas été traitées jusqu'ici en enfants gâtés dans la répartition de nos voies ferrées, elles se contenteraient très bien, provisoirement, de la demi satisfaction que cette combinaison leur procurerait.

Cette ligne ferrée serait appelée à rendre aux départements situés au nord du plateau central des montagnes du Limousin et de l'Auvergne, les mêmes services que celle de Lyon à Bordeaux, par Le Puy, Aurillac et Périgueux, rendra aux départements situés au midi de ce plateau ; et cette dernière ligne ayant été jugée assez utile pour être concédée il y a déjà plusieurs années, il suffira que nous fassions voir que la ligne que nous sollicitons sera bien plus utile qu'elle, tout en coûtant beaucoup moins, et que nous ayons démontré sa nécessité et les droits incontestables qu'ont à l'obtenir les contrées qui la réclament.

Les départements situés au nord des montagnes du Limousin et de l'Auvergne sont bien plus importants, par leur industrie, leur commerce et leur richesse agricole, que les départements situés au midi de ces montagnes. Pour s'en convaincre, il suffit de les citer : d'un côté, c'est la Charente, la Haute-Vienne, la Creuse, l'Allier, le Puy-de-Dôme ; de l'autre, c'est la Dordogne, la Corrèze, le Lot, le Cantal et la Haute-Loire. Dans les premiers, on trouve des villes industrielles et commerçantes de premier ordre, comme Angoulème, Limoges, Montluçon, Commentry, Moulins, Clermont ; dans les autres, on ne trouve que des villes de troisième et de quatrième ordre pour l'industrie et le commerce : Périgueux, Brives, Aurillac, Tulle, Brioude et Le Puy. Ce sont là des indices sérieux de la supériorité de la ligne que nous réclamons sur celle qui est déjà décrétée ; mais, pour que l'on ait une idée exacte du trafic probable des deux lignes, nous allons donner la circulation constatée sur les routes impériales, dans les cinq départements les plus directement intéressés à chacune d'elles.

Circulation des cinq départements intéressés à la ligne de Bordeaux à Lyon, par Aurillac et Le Puy.

DÉPARTEMENTS.	RANG DU DÉPARTEMENT pour sa circulation.	NOMBRE DE TONNES transportées par jour sur toutes les routes impériales du département.	CIRCULATION KILOMÉTRIQUE.	
Dordogne................	61	35,074	467,4	Nombre des kilomètres de routes impériales des cinq départements :
Correze................	82	47,919	85,9	1.719 k. 7/10**.
Lot....................	80	18,385	134,8	Tonnes utiles transportées par kilomètre :
Cantal.................	79	18,716	109,5	
Haute-Loire............	59	37,089	488,6	73 tonnes 9/10**.
		127,183		

Circulation des Routes impériales dans les cinq départements autorisés à la ligne par Limoges, Montluçon et Saint-Germain-des-Fossés.

Charente................	48	46,663	226,8	Nombre des kilomètres de routes impériales des cinq départements :
Haute-Vienne............	52	42,416	185,4	2,036 k. 7/10**.
Creuse..................	83	42,716	74,7	Tonnes utiles transportées par kilomètre :
Allier..................	25	68,859	225,3	122 tonnes.
Puy-de-Dôme.............	48	77,724	255,2	
		248,405		

Il résulte de ce tableau que la circulation, dans les cinq départements les plus directement intéressés à la ligne de Lyon à l'Océan par Limoges et Saint-Germain-des-Fossés, dépasse celle des cinq départements les plus intéressés à la ligne de Lyon à Bordeaux par Aurillac et Le Puy, de 121,222 tonnes ; elle est donc presque le double, celle des derniers n'étant que de 127,183 tonnes. Leur circulation kilométrique est aussi bien plus élevée, elle est de 122 tonnes ; celle des derniers n'est que de 73 tonnes. Je tire de ces faits cette conséquence : c'est que le chemin de Lyon à l'Océan par Limoges est appelé à remplacer une circulation bien plus active que celui de Bordeaux à Périgueux par Aurillac. Il aura, dès lors, de bien plus grandes chances de donner un produit rémunérateur, et il rendra de bien plus grands services au commerce.

A ces avantages déjà appréciables, il en joint un autre d'une bien grande valeur : il rapproche d'une manière sensible toutes les villes considérables du centre de la France, ainsi que le constatent les relevés suivants :

Distance des grandes villes du centre entr'elles par le chemin de Lyon à Bordeaux par Périgueux, Aurillac et le Puy.

Distance de Limoges à Lyon, par Aurillac, 589 kilomètres, ainsi décomposés : 57 de Saint-Etienne à Lyon, 172 de Saint-Etienne à Lempde, 257 de Lempde à Brives, 103 de Brives à Limoges.

Id. de Limoges à Saint-Etienne, 532 kilomètres, ainsi décomposés : 172 de Saint-Etienne à Lempde, 257 de Lempde à Brives, 103 de Brives à Limoges.

Id. de Limoges à Clermont, 419 kilomètres, ainsi décomposés : 59 d'Arvant à Clermont. 257 d'Arvant à Brives, 103 de Brives à Limoges.

Id. de Lyon à Bordeaux, 688 kilomètres, ainsi répartis : Lyon à Saint-Etienne, 57 ; Saint-Etienne à Lempde, 172 ; Lempde à Périgueux, 331 ; Périgueux à Bordeaux, 128.

Id. de Saint-Etienne à Bordeaux, 631 kilomètres, ainsi répartis : 172 de Saint-Etienne à Lempde, 331 de Lempde à Périgueux, 128 de Périgueux à Bordeaux.

Id. de Clermont à Bordeaux, 518 kilomètres, ainsi répartis : 59 de Clermont à Lempde, 331 de Lempde à Périgueux, 128 de Périgueux à Bordeaux.

Id. d'Angoulême à Lyon, 669 kilomètres, ainsi répartis : 57 de Lyon à Saint-Etienne, 172 de Saint-Etienne à Lempde, 257 de Lempde à Brives, 92 de Brives à Reynac (station à 11 kilomètres de Limoges), 101 de Reynac à Angoulême.

Id. d'Angoulême à Saint-Etienne, 622 kilomètres, ainsi répartis : 172 de Saint-Etienne à Lempde, 257 de Lempde à Brives, 193 de Brives à Angoulême.

Id. d'Angoulême à Clermont, 509 kilomètres, ainsi répartis : 59 de Clermont à Lempde, 257 de Lempde à Brives, 193 de Brives à Angoulême.

Id. de Périgueux à Lyon, 560 kilomètres, ainsi répartis : 57 de Lyon à Saint-Etienne, 172 de Saint-Etienne à Lempde, 331 de Lempde à Périgueux.

Id. de Périgueux à Saint-Etienne, 503 kilomètres, ainsi répartis : 172 de Lempde à Saint-Etienne, 331 de Lempde à Périgueux.

Id. de Périgueux à Clermont, 390 kilomètres, ainsi répartis : 59 de Clermont à Lempde, 331 de Lempde à Périgueux.

Distance des mêmes villes par le chemin de fer de Lyon à l'Océan, par Saint-Germain-des-Fosses, Montluçon et Limoges.

Distance de Limoges à Lyon, par Montluçon, 360 kilomètres, qui se décomposent ainsi : Limoges à Montluçon, 140 ; Montluçon à Saint-Germain-des-Fosses, 75 ; Saint-Germain-des-Fosses à Roanne, 70 ; de Roanne à Lyon, par Tarare, 75.

Id. de Limoges à Saint-Etienne, par Montluçon, 366 kilomètres, ainsi décomposés : 285 de Limoges à Roanne, 81 de Saint-Etienne à Roanne.

Id. de Limoges à Clermont, 280 kilomètres, ainsi décomposés : 140 de Limoges à Montluçon, 75 de Montluçon à Saint-Germain-des-Fosses, 65 de Saint-Germain à Clermont.

Id. de Lyon à Bordeaux, 591 kilomètres, ainsi répartis : Bordeaux à Limoges, 231 ; Lyon à Limoges, 360.

Id. de Saint-Etienne à Bordeaux, 597 kilomètres, ainsi répartis : 366 kilomètres de Limoges à Saint-Etienne, 231 de Limoges à Bordeaux.

Id. de Clermont à Bordeaux, 511 kilomètres, ainsi répartis : 280 de Limoges à Clermont, 231 de Limoges à Bordeaux.

Id. d'Angoulême à Lyon, 473 kilomètres, ainsi répartis : Limoges à Lyon, 360 ; Limoges à Angoulême, 113.

Id. d'Angoulême à Saint-Etienne, 479 kilomètres, ainsi répartis : 366 de Limoges à Saint-Etienne, 113 de Limoges à Angoulême.

Id. d'Angoulême à Clermont, 393 kilomètres, ainsi répartis : 280 de Limoges à Clermont, 113 de Limoges à Angoulême.

Id. de Périgueux à Lyon, 463 kilomètres, ainsi répartis : 360 de Lyon à Limoges, 103 de Périgueux à Limoges.

Id. de Périgueux à Saint-Etienne, 469 kilomètres, ainsi répartis : 366 de Limoges à Saint-Etienne, 103 de Limoges à Périgueux.

Id. de Périgueux à Clermont, 383 kilomètres, ainsi répartis : 280 de Limoges à Clermont, 103 de Limoges à Périgueux.

Abréviation de parcours occasionnée entre les mêmes villes par le chemin de fer de Lyon à l'Océan par Limoges.

Abréviation de parcours entre Limoges et Lyon : 229 kilomètres.

Id. entre Limoges et Saint-Etienne : 166 kilomètres.

Id. entre Limoges et Clermont : 139 kilomètres.

Id. entre Lyon et Bordeaux, 97 kilomètres.

Id. Entre Saint-Etienne et Bordeaux : 34 kilomètres.

Id. entre Clermont et Bordeaux : 7 kilomètres.

Id. entre Angoulême et Lyon : 196 kilomètres.

Id. d'Angoulême à Saint-Etienne : 143 kilomètres.

Id. d'Angoulême à Clermont : 116 kilomètres.

Id. de Périgueux à Lyon : 97 kilomètres.

Id. de Périgueux à Saint-Etienne : 34 kilomètres.

Id. de Périgueux à Clermont : 7 kilomètres.

(1) Toutes les abréviations de parcours que nous avons trouvées pour Angoulême s'appliquent à toutes les villes situées entre Angoulême et Rochefort, et à tous les ports de la Charente-Inférieure, le passage par Angoulême, pour arriver à ces villes, étant forcé.

On doit comprendre, à première vue, combien les relations commerciales entre toutes les villes dont nous venons de parler seront facilitées par une diminution si considérable dans leurs distances, qui procurera à la fois à ces relations, déjà si importantes, une grande économie de temps et de frais de transport.

Le chemin de fer que nous réclamons, et qui est appelé à développer un courant commercial déjà si actif, à rapprocher dans une si grande proportion toutes nos grandes villes, se présente, sous le rapport des dépenses qu'il occasionnera, dans les conditions les plus favorables. Il n'exigera, pour former une ligne continue de l'ouest à l'est, que la construction d'un faible embranchement de 60 kilomètres environ de Commentry à Saint-Germain-des-Fossés, toutes les autres sections de cette ligne étant déjà concédées ou sur le point de l'être, à cause des relations locales qu'elles doivent desservir. Or, cet embranchement de 60 kilomètres ne devant coûter qu'environ 12 à 15 millions, c'est une bien faible dépense pour obtenir les résultats que nous avons indiqués, et sans rapport, par son importance, avec la grandeur de ces résultats ; c'est à peine les trois quarts de l'intérêt des capitaux qui ont été déjà dépensés improductivement pour l'ancien réseau du Grand-Central, dont la ligne de Bordeaux à Lyon par Périgueux, Aurillac, Lempde et Le Puy (que nous venons de comparer à celle que nous demandons et qui lui est si inférieure à tous les points de vue), est pourtant la ligne principale : elle a, elle seule, 580 kilomètres sur les 1,200 dont se composait le Grand-Central.

Nous croyons, en conséquence, pouvoir résumer ainsi ces courtes observations : les populations des départements au nord des montagnes du Limousin et de l'Auvergne ont un intérêt puissant à avoir un grand chemin de fer de l'ouest à l'est qui les traverse ; leur commerce, leur industrie exigent et justifient la création de cette voie ferrée. La facilité qu'elle procurerait pour les transactions commerciales de l'ouest à l'est, le rapprochement considérable qu'elle établirait entre les grandes villes du centre de la France, en commandent impérieusement la prompte exécution, et l'on a d'autant plus de raisons d'exécuter promptement cette ligne, qu'elle n'exigera, pour son établissement, qu'une dépense minime et sans proportion avec les immenses services qu'elle procurera. Nous osons donc espérer que le gouvernement, dans sa justice, reconnaîtra le bon droit des populations des départements situés au nord du plateau central des montagnes du Limousin et de l'Auvergne, et qu'il leur accordera le grand chemin transversal de Lyon à l'Océan par Limoges, Montluçon et Saint-Germain-des-Fossés ; en le faisant, il satisfera à la fois et les intérêts de ces départements, et ceux de toutes les grandes villes du centre de la France.

Angoulème, le 6 septembre 1860.

A. DE VILLEMANDY.

Avocat.

Angoulême, Imp. A. NADAUD et C⁰ (Lefraise), rue du Marché, 6.